Innsbruck

Fotos von Karl-Heinz Zanon
Texte von Lukas Morscher

Bibliografische Information: Die Deutsche Bibliothek verzeichnet diese Publikation in der Deutschen Nationalbibliografie; detaillierte bibliografische Daten sind im Internet über http://dnb.ddb.de abrufbar.

www.haymonverlag.at

Buchgestaltung und Umsetzung:
hoeretzeder grafische gestaltung, Scheffau/Tirol
(Kurt Höretzeder, Mitarbeit: Ines Zwerger)

Redaktion: Haymon Verlag / Georg Hasibeder

ISBN 978-3-85218-497-5

Innsbruck

Fotos von Karl-Heinz Zanon
Texte von Lukas Morscher

HAYMON

Inhalt

Vorwort

Hilde Zach
Bürgermeisterin der Stadt Innsbruck

Mit anderen Augen, mit anderer Zunge — „Anders, wohltuend anders“ – das ist die erste Beschreibung, die mir zu diesem Buch einfällt. Karl-Heinz Zanon, Chefredakteur einer bedeutenden Wochenzeitung, und Lukas Morscher, der Leiter des Stadtarchivs und Stadtmuseums Innsbruck, haben ihre eigene Wahrnehmung der Stadt Innsbruck bewusst subjektiv in Wort und Bild „übersetzt“. Mit anderen Bildern, mit anderen Worten beschreiben sie die Stadt und erzählen von Geschichte und Gegenwart der größten Ansiedlung der Ostalpen. — Innsbruck ist eigenwillig, selbstbewusst und einzigartig. Und in der Wahrnehmung der hier lebenden Menschen auch ein wichtiges Zentrum in der großen weiten Welt, das sich leicht mit Metropolen messen kann. — Eine Stadt mit Zauber, eine Stadt mit Geschichte, mit ihren eigenen Sagen, ihrer Tradition, einer absolut speziellen Lage und einem ebenso einmaligen Menschenschlag – alles in allem einzigartig und unverwechselbar. — Wer noch nie bei uns war, der wird nach der Lektüre das unbändige Verlangen spüren, hierher zu kommen, und wer Innsbruck kennt, wird es durch dieses Buch mit anderen Augen sehen. Ein schönes Buch – *viel Freude damit!* ||

Einleitung

Karl-Heinz Zanon

Eine Stadt, die den Kritiker vordergründig dazu verleitet, sie als provinzielles Nest zu bezeichnen, die aber dennoch urbaner ist als manch größerer Ballungsraum im In- und Ausland – das ist Innsbruck. Ein Ort, der mit der Bergwelt und von der Bergwelt lebt und eine spannende Symbiose mit der atemberaubenden alpinen Kulisse, in die Innsbruck gebettet ist, eingeht. — Innsbruck ist keine homogen gewachsene Stadt, sondern besteht großteils aus den Dörfern, die einst das mittelalterliche „Innsprug" umgaben. Stadtteile wie Amras, Arzl, Mühlau, Pradl oder Wilten, die ihren dörflichen Charakter bewahren oder ihn sich immer wieder aufs Neue erkämpfen, verfügen vielleicht deshalb über funktionierende soziale Strukturen, auf die so manches „echte" Dorf neidvoll blickt. Die Stadtteile Vill und Igls konnten schon auf Grund ihrer Lage abseits des städtischen Kerngebietes ihre Individualität bestens bewahren. — Für einen so genannten „Zuagroastn" ist Innsbruck genau diese Mischung aus einer Kleinstadt, die als Hauptstadt den Anspruch auf Urbanität erhebt, und den kleinen Zellen, die Tirols Metropole ausmachen. Innsbruck empfängt, wie auch seine Bewohner, die Neuankömmlinge nicht mit offenen Armen und integriert sie sofort in ihr komplexes System. Man muss sich Innsbruck verdienen, sich bei den Menschen, die hier wohnen, Respekt und Akzeptanz erarbeiten. Dafür aber ist die Beziehung, die entsteht, ehrlicher und von längerer Dauer als anderswo. — Innsbruck von seiner schönsten Seite zu zeigen, das mag oberflächlich erscheinen, aber es war das erklärte Ziel des Buches, das Sie nun in Händen halten. Neben den bekannten Sehenswürdigkeiten waren es auch die stillen und weniger bekannten Orte in Innsbruck, die es uns angetan hatten – Orte, die es in sich haben. Wir wollten den Blick auf Perspektiven lenken, die dem Einheimischen schon so vertraut sind, dass sie ihm nicht mehr auffallen, und dem Gast neue, oft subtile Details und Ansichten Innsbrucks vermitteln. Die positiven Spannungsfelder einer historisch gewachsenen Stadt, die zugleich der modernen Architektur verpflichtet ist, waren dabei eine besondere Herausforderung. — Die Auswahl der Fotografien erforderte harte und langwierige Entscheidungsprozesse. Für die Textbeiträge bedanke ich mich herzlich bei dem mir durch die Arbeit an diesem Buch zum Freund gewordenen Innsbrucker Stadtarchivar DDr. Lukas Morscher, der den Bildern durch seine gelungenen Texte Leben einhaucht und mit seinem Schreibstil die nötige Tiefe verleiht. ||

Wahrzeichen

„Das guldin dach gar wol bekhanndt –
sein ruemb erschallen in weytte lanndt.“
(Georg Rösch von Geroldshausen: Der Tiroler Landreim, 1558)

Das Goldene Dachl ←] ist das bekannteste unter den Innsbrucker Wahrzeichen. 2657 feuervergoldete Kupferschindeln machen es zum Mittelpunkt der Stadt und zum Anziehungspunkt für alle Touristen. — Früher betrat der Reisende, der die Gefahren und Anstrengungen der Alpenüberquerung hinter sich gebracht hatte, von Süden her die Stadt durch das so genannte Vorstadttor am Stadtgraben. Das erste, was er sah, war ein Bauwerk, das mit Gold gedeckt war. Wie reich und mächtig musste ein Fürst sein, der sich solch unglaublichen Luxus leisten konnte? — Genau diesen Eindruck zu erwecken war die Absicht seines Erbauers, Kaiser Maximilian I. (1459–1519), der wohl die prägendste Persönlichkeit in der Geschichte der Stadt Innsbruck und des Landes Tirol war. Dass der Kaiser in Wirklichkeit mit dauernder Geldnot und vielen persönlichen, politischen und militärischen Krisen zu kämpfen hatte, blieb dem Reisenden seiner Zeit allerdings meist verborgen.

Aus der Sicht des Betrachters türmt sich unmittelbar hinter dem Goldenen Dachl das mächtige Bergmassiv der Nordkette auf. Die enge Beziehung Innsbrucks mit den umgebenden Bergen ist fast so alt wie die Stadt selbst – als Weidegründe für das Vieh und Quelle für frisches Trinkwasser im Guten ebenso wie als ständige Bedrohung durch Lawinen und Hochwasser im Schlechten. Keine andere vergleichbare Stadt auf der Welt steht in einer so engen Verbindung mit dem Hochgebirge.

CO.ET.M.THERESIAE.AVGG.P.P.F.F.
IN NVPTIIS.LEOP.M.HET.D.ET.LVD.BOR

Die Triumphpforte ←] wurde 1765 aus Anlass der Hochzeit des späteren Kaisers Leopold II. mit der spanischen Infantin Ludovica errichtet. Während die Südseite der Triumphpforte an dieses freudige Ereignis erinnert, gedenkt die Nordseite des Todes von Leopolds Vater, Franz I. Stephan, der während der Feierlichkeiten in Innsbruck verstarb.

Zwischen der Triumphpforte und der Altstadt verläuft die Prachtstraße Innsbrucks, die Maria-Theresien-Straße, die von der Annasäule [→ geziert wird. Sie wurde im Jahr 1706 im Gedenken an die Befreiung von der bayerischen Besatzung am 26. Juli 1703, dem Annentag, feierlich eingeweiht. Die Besatzer wurden durch einen spontanen Volksaufstand der Tiroler aus dem Land vertrieben. Heute ist die Annasäule nicht nur eine Gedenkstätte für dieses Ereignis, sondern auch ein beliebter Treffpunkt für die Innsbrucker Bevölkerung.

Seit 2002 gibt es ein neues Wahrzeichen für Innsbruck als Sportstadt: Nach Plänen der aus dem Irak stammenden Architektin Zaha Hadid wurde auf dem historisch bedeutsamen Gelände des Bergisel eine neue Skisprungschanze [↓ SEITEN 18/19] errichtet. Der mehrfach ausgezeichnete Bau vereint qualitätsvolle Architektur mit der Funktionalität einer modernen Sportanlage. ||

Inn

„Mein schönes Innsbruck am grünen Inn“
(Refrain eines beliebten Liedes von Hugo Morawetz und Adolf Denk, um 1925)

Das von West nach Ost verlaufende Inntal, das vom eiszeitlichen Inntal-Gletscher morphologisch gestaltet worden ist, wird vom namensgebenden Fluss Inn [→ und seinen Nebenflüssen geprägt. Die erste Brücke über den Inn stand auch Pate für den Namen der Landeshauptstadt. Der Inn ist als größter Nebenfluss der oberen Donau insgesamt 510 km lang, davon fließen 183 km durch Österreich.

Die Bezeichnung „oenus“ für den Inn, die wir auch im Wort *Oenipons*, also Innsbruck, finden, stammt nicht aus dem klassischen Latein, sondern ist eine Wortschöpfung der Renaissance. Das Wort „Inn“ dürfte sich aus dem Keltischen „ine“, was „der Fließende“ bedeutet, ableiten.

Über Jahrhunderte hinweg war der Inn eine wichtige Verkehrsader, diese Bedeutung hat der Fluss jedoch seit der Erschließung Tirols durch die Eisenbahn ab der Mitte des 19. Jahrhunderts verloren. — Die charakteristische Färbung des „grünen Inn“ entsteht durch die Ausschwemmungen von Gletschern, die von den Nebenflüssen und -bächen des Inn mitgeführt werden.

Hydrologen bezeichnen den Inn als Hochgebirgsbach – unberechenbar in seinem Wasserstand, ungezähmt und stets eine latente Bedrohung. Heute ist der Inn aber durch eine Vielzahl an Kraftwerken zu einem zahmen Fluss geworden, auch wenn er immer wieder seine Kraft zeigt. ||

Höfisches

„Die streitpare regierung und die künftige gedächtnus ist mer denn das gelt.“
(Kaiser Maximilian im „Weißkunig“ über sein „Gedächtnus“)

Seit Tirol 1363 zu Österreich kam, haben zahlreiche Habsburger-Herrscher das Bild der Stadt Innsbruck entscheidend mitgeprägt: Zuerst Kaiser Maximilian I. (1459–1519) mit dem Goldenen Dachl [↓ SEITE 24], dem Zeughaus ←] und der Erweiterung der Hofburg [↓ SEITE 25] – Innsbruck ist neben Wien die einzige Stadt in Österreich, in der sich eine Hofburg befindet. Später Kaiser Ferdinand I. mit der Hofkirche [↓ SEITEN 24, 26/27], die wohl zu den allerwichtigsten Denkmälern in Europa gehört, oder Kaiserin Maria Theresia (1717–1780) mit dem Umbau der Hofburg zu ihrem heutigen Aussehen und auch mit der Triumphpforte [→, die anlässlich der Hochzeit des späteren Kaisers Leopold II. mit der spanischen Infantin Maria Ludovica errichtet wurde.

Besonders Kaiser Maximilian verband ein enges Band mit Tirol und speziell auch mit Innsbruck. Er konnte hier seiner Jagdleidenschaft ebenso nachgehen, wie er sich für neue Unternehmungen Energien und Mittel beschaffen konnte. Nicht nur im Stadtbild von Innsbruck, auch in der Gesetzgebung hat Maximilian in Tirol bahnbrechend gewirkt: Neben einem gedruckten Strafgesetzbuch hat er 1511 auch das Tiroler Landlibell dekretiert, das für Jahrhunderte die Wehrverfassung Tirols beherrscht hat. ||

DIE EBERT-ORGEL
IN DER HOFKIRCHE
ZÄHLT ZUMINDEST
IN FACHKREISEN
ZU DEN WELTWEIT
BERÜHMTESTEN ORGELN.

DIE SO GENANNTEN SCHWARZEN MANDER (LI.) UND DER KENOTAPH KAISER MAXIMILIANS I. (RE.) PRÄGEN DAS BILD DER HOFKIRCHE.

MAJESTÄTISCH RAGT
DER TURM DER HOFKIRCHE
IN DEN SOMMERLICHEN
INNSBRUCKER HIMMEL.

Schloss Ambras

„Unter den höchsten Bergkuppen im Innthale [gibt es einen] Palast, mit Bildern und fürstlichem Hausrath, wie man ihn nur in der Stadt sucht“
(Stephanus Venandus Pighius, 1574)

Schloss Ambras ←] liegt südlich der Stadt auf dem Hang zur Mittelgebirgsstufe inmitten eines prachtvollen Parks. Nach einer wechselvollen Geschichte, die bis ins Frühmittelalter zurückreicht, ließ Erzherzog Ferdinand II. (1529–1595) die gesamte Anlage im Sinne der Renaissance umbauen. Neben dem bekannten Spanischen Saal – einem der bedeutendsten erhaltenen Säle der Renaissance – wurden im Unterschloss mehrere Gebäude errichtet, wo seine „Kunst- und Wunderkammer“ Platz finden sollte. Noch vor Beginn der Bauarbeiten überschrieb Ferdinand II. das Schloss seiner nicht standesgemäßen Gattin Philippine Welser.

Die Kunst- und Wunderkammer – weltweit die einzige, die noch an ihrem Originalstandort existiert – versucht ganz im Geist der Renaissance, alles Unerklärliche und Wunderbare an einem Ort zu vereinen. — Nach dem Tode Ferdinands fiel der Besitz an seinen Sohn, der die Sammlungen bald an Kaiser Rudolf II. verkaufte. In den folgenden Jahrhunderten verfielen Gebäude und Inventare zusehends, sodass sie schrittweise nach Wien übersiedelt wurden. Erst im 20. Jahrhundert erfolgt die schrittweise Rückwandlung in ein Museum, das heute ein Teil des Kunsthistorischen Museums Wien ist. In regelmäßigen Sonderausstellungen werden Aspekte der Kunst- und Kulturgeschichte – vor allem in Zusammenhang mit der Kunst- und Wunderkammer – aufgearbeitet.

Daneben beherbergt das Schloss auch die Habsburger-Porträt-Galerie mit über 200 Gemälden, eine der umfangreichsten Sammlungen dieser Art in der Welt. Die Parkanlagen sind heute ein beliebtes Ausflugsziel zur Naherholung. ||

NOSTRA INN
TUA

Kirchliches

„Hl. Ingenuin & Hl. Kassian“
(1286 als erste Schutzpatrone der Alten Höttinger Pfarrkirche genannt)

Im traditionell katholischen Tirol bildet die Kirche das Zentrum eines Dorfes oder einer Stadt. Insgesamt gibt es heute in Innsbruck 28 Pfarreien bzw. Vikariate, die Hauptkirche, der Dom zu St. Jakob ← [↓ SEITEN 32/33], liegt im Herzen der Innenstadt auf dem größten Platz der Altstadt, der sich über dem ehemaligen mittelalterlichen Friedhof ausbreitet.

Neben dem barocken Dom, der bis 1964, dem Jahr der Erhebung Innsbrucks zur eigenständigen Diözese, eine einfache Pfarrkirche war, verdienen zahlreiche weitere Kirchen schon aus künstlerischen Gründen größte Beachtung. Die Basilika Wilten →, die eigentlich „Unsere Liebe Frau unter den Vier Säulen“ heißt, wurde im Jahre 1957 zur Basilika Minor erhoben. Die Spitalskirche [↓ SEITE 34] in der Maria-Theresien-Straße hat ihren Namen vom ehemals hier angesiedelten Stadtspital, dem Vorgänger der Innsbrucker Klinik.

Der Rückgang an Katholiken und Kirchenbesuchern lässt manches Kleinod aus dem Gedächtnis verschwinden. Oder wann waren Sie zuletzt in der Theresienkirche auf der Hungerburg? Oder am Arzler Kalvarienberg oder gar in der Pfarrkirche Allerheiligen [↓ SEITE 35]? In den ehemalig eigenständigen Dorfgemeinden sind die Kirchen dagegen bis heute religiöses und soziales Zentrum.

DER INNSBRUCKER DOM
LÄDT MIT VIELFÄLTIGEN
BILDDARSTELLUNGEN ZU
RUHE UND BESINNUNG EIN.

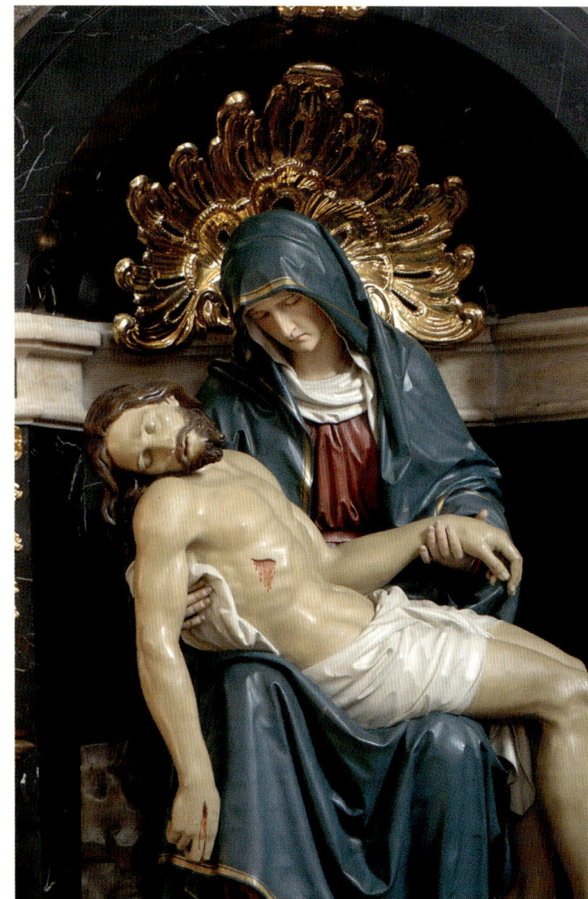

DER TURM DER SPITALSKIRCHE RAGT NUR SCHEINBAR ÜBER DIE VERSCHNEITEN SPITZEN DER NORDKETTE HINAUS.

Durch die Größe der Stadt hat sich die ursprünglich enge Verbindung von Kirche und Friedhof gelockert. Die größten Friedhöfe, nämlich der so genannte Ost- und der Westfriedhof, sind nicht mehr mit einer bestimmten Kirche verbunden.

Neben den zahlreichen Kirchen gibt es in Innsbruck auch eine beträchtliche Zahl von Klöstern. Diese Orte der Ruhe und Beschaulichkeit erfüllen seit Jahrhunderten nicht nur religiöse, sondern auch wichtige weltliche Aufgaben: So übernahmen Klöster im Bereich der Bildung und des Sozialwesens stets viel Verantwortung und besaßen oft auch politische Funktionen: Im Zuge der Gegenreformation siedelten die Landesherren gezielt Klöster an, um den Katholizismus zu fördern. — Beinahe alle Klöster in Innsbruck befinden sich in repräsentativen Bauten mit zum Teil hohem kunsthistorischem Wert – so etwa die Kunstkammer der Serviten, das Stiftsmuseum in Wilten oder die von Erzherzog Maximilian III. dem Deutschmeister gegründete Eremitage bei den Kapuzinern.

Im Saggen findet sich die Christuskirche [→ der evangelischen Gemeinde und in der Sillgasse wurde zwischen 1991 und 1993 auf historischem Grund die Synagoge der israelitischen Kultusgemeinde wieder errichtet, die im Zuge der „Reichskristallnacht" 1938 von nationalsozialistischen Horden zerstört worden war. In den letzten Jahren sind außerdem mehrere Bethäuser für mohammedanische Gläubige errichtet worden. ||

SOWOHL DIE PFARRKIRCHE ALLERHEILIGEN (LI.) ALS AUCH DIE EVANGELISCHE CHRISTUSKIRCHE (RE.) IM SAGGEN SIND SAKRALBAUTEN DER LETZTEN 100 JAHRE.

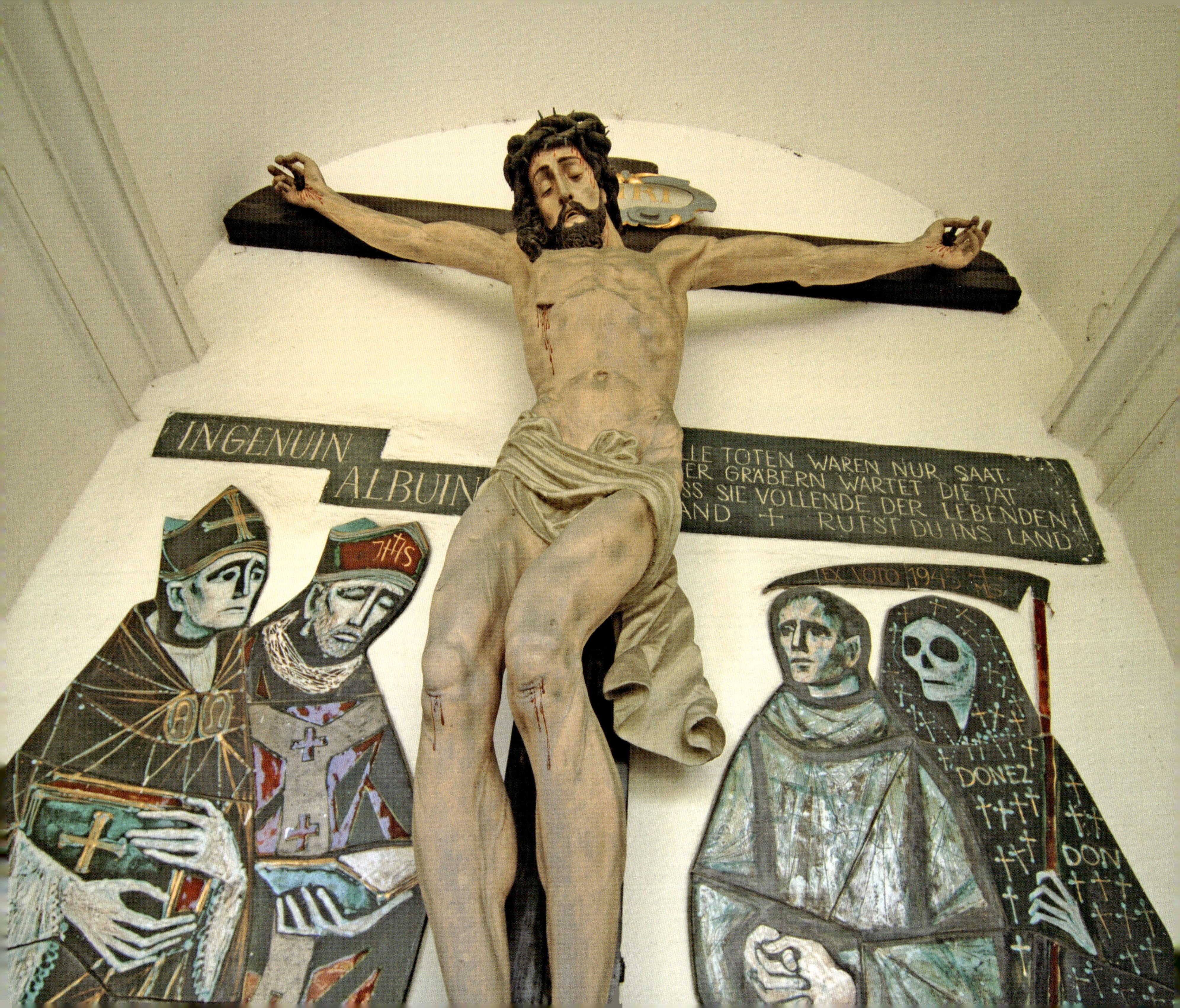
INGENUIN
ALBUIN
IHS
LLE TOTEN WAREN NUR SAAT
ER GRÄBERN WARTET DIE TAT
SS SIE VOLLENDE DER LEBENDEN
AND + RUFST DU INS LAND
EX VOTO 1945 MS
DONEZ
DON

Kapellen

*„O Maria voller Gnaden,
bewahr das Vieh und uns vor Schaden“*
(Marterlspruch zwischen Patsch und Heiligwasser)

Tirol ist ein dem katholischen Glauben eng verbundenes Land. Neben den zahlreichen Kirchen wurden und werden – meist entlang von vielgenutzten Wegen – Kapellen errichtet. Sie laden den Passanten zum Verweilen und zur Andacht ein, sind aber gleichzeitig auch ein Spiegelbild des künstlerischen Schaffens in Innsbruck im Laufe der Jahrhunderte. — Viele der Kapellen sind kleine Wallfahrtsorte: Das Höttinger Bild etwa, das der Überlieferung nach um 1700 vom Studenten Franz Peirer im Höttinger Wald angebracht wurde, wird seit damals von um göttlichen Beistand flehenden Studenten ebenso aufgesucht wie von der Innsbrucker Bäckerinnung. Unweit davon befindet sich an einem mächtigen Baum der Gedenkort Maria im Walde – Bittende und Dankende haben hier mit ihren Täfelchen und Gebeten einen Ort der Ruhe gefunden. Etwas oberhalb von Igls befindet sich die Kapelle von Heiligwasser. Der Legende nach erschien die Jungfrau Maria im Jahr 1606 zwei Hirten auf der Suche nach verlaufenem Vieh, 1652 wurde die erste Kapelle errichtet. Eine für Hochzeiten beliebte Kapelle findet man bei Schloss Mentlberg [→ am Westrand von Innsbruck. Ein verborgenes Kleinod dagegen ist die kleine Kapelle Großer Gott ←] in Hötting.

Heute sind viele Kapellen und Wegkreuze in der Hektik unserer Zeit vom Autoverkehr auf die Seite gedrängt worden. Die liebevolle Betreuung, die künstlerische Gestaltung und die religiöse Besinnung sollten aber gerade deshalb zu einem bewussten Innehalten einladen. ||

DIE LEGENDE VON DEN SIEBEN MÄRTYRERN VON EPHESUS ZEIGT DAS ALTARBILD DER KAPELLE VON SCHLOSS MENTLBERG.

ZU DEN GRÖSSTEN KAPELLEN INNSBRUCKS ZÄHLT DIE ST. GEORG GEWEIHTE KAPELLE IM LANDHAUS (OBEN UND RE.).

Maria-Hilf-Bild

„Maria, Hilfe der Christen"
(Lauretanische Litanei, 16. Jahrhundert)

Das Maria-Hilf-Bild ←] von Lucas Cranach d.Ä. im Dom zu St. Jakob hat die Menschen seit seiner Entstehung fasziniert und in seinen Bann gezogen. Im Zusammenwirken mit der traditionell engen Verbundenheit mit dem Katholizismus hat sich das Bild im gesamten Alpenraum verbreitet – alleine in Innsbruck finden sich mehrere Dutzend Nachempfindungen dieses Kunstwerkes. Die Künstler haben sich dabei beinahe aller Techniken bedient, vom Ölbild bis zum Mosaik. In weiten Teilen der Alt- und Innenstadt ist es möglich, von Haus zu Haus zu gehen, immer eine andere Darstellung des Maria-Hilf-Bildes vor Augen.

Eine Besonderheit ist die Darstellung am Munding-Haus in der Kiebachgasse. Hier wird das Gnadenbild zwar mit dem umgebenden Altarbild dargestellt, aber nicht, wie es eigentlich üblich ist, mit dem reich mit Silber geschmückten Altar, sondern mit einer Darstellung des Fastenaltars. Dieser „Austausch" der Altarblätter, der bis heute z.B. in der Fastenzeit vollzogen wird, ist auch vielen eifrigen Kirchgängern nicht bewusst. — Es gibt wohl wenige Kunstwerke in Tirol, die seit Jahrhunderten so viele Menschen im Tiefsten ihrer Seele berührt haben. ||

Friedhöfe

„Vir iustus“
(Inschrift auf einem Grabstein)

Der unausweichliche Tod jedes Menschen ist nicht gleichbedeutend mit dem Vergessen des Verstorbenen. Liebevoll gepflegte Grabstätten zeigen eine über das Leben hinausgehende Verbundenheit mit den Toten. — In Tirol ist auf allen Friedhöfen der 1. November, das Fest Allerheiligen, ein bedeutender Feiertag, an dem der Verstorbenen gedacht wird. Mit einer Prozession durch diese letzte Ruhestätten wird unter reger Anteilnahme der jeweiligen Hinterbliebenen ein alter, liebgewonnener Brauch gepflegt. Auch zu Weihnachten finden auf den Friedhöfen Andachten statt, oft werden die Gräber mit Tannenzweigen oder kleinen Christbäumen geschmückt.

In Innsbruck hat beinahe jeder Stadtteil einen „eigenen“ Friedhof, wie etwa den beschaulichen Friedhof in Mariahilf [←]. Eine Besonderheit ist der so genannte Höttinger Pestfriedhof [→], der jener Toten erinnert, die mehrere Seuchen in früheren Jahrhunderten forderten. Auf mehreren Innsbrucker Friedhöfen gibt es auch Denkmäler und Grabstätten für gefallene Soldaten aus den beiden Weltkriegen. ||

ZUM CHRISTL. GEDENKEN AN
KANZLEIDIREKTOR I.R.
HANS MADER
GEB. 9.5.1883 GEST. 16.12.1959
GRÜNDER U. LANGJAHRIGER OBMANN
DER PESTFREITHOF GESELLSCHAFT HÖTTING
GESTIFTET IM 50. VEREINSJAHR

Brunnen

„Wirdet auch alda der Gemain zuguet ain Prunnen ausgelassen."
(Aus der Innsbrucker Hofbrunnenordnung von 1540)

Der Dorfbrunnen spielte bereits im Mittelalter und in der frühen Neuzeit eine zentrale Rolle für eine soziale Gemeinschaft. Zum einen war er für die Trinkwasserversorgung wichtig: Während das Wasser aus Seen und Flüssen oft verschmutzt war und die Ausbreitung von Krankheiten und Seuchen förderte, konnte man die Menschen durch Brunnen mit sauberem Wasser aus der Tiefe oder Quellwasser versorgen. In Innsbruck wird bereits im späten 15. Jahrhundert ein öffentlicher Brunnen, der mit frischem Wasser von der Nordkette gespeist wurde, urkundlich erwähnt. In rascher Folge wurden später die einzelnen Stadthäuser mit Hausbrunnen ausgestattet. Durch ausgebohrte Holzstämme wurde bis ins 19. Jahrhundert das Wasser von den Hängen der Nordkette bis in das Stadtzentrum geleitet und dann auf zahlreiche öffentliche und häusliche Brunnen verteilt. Erst danach wurden die Holzstämme durch Bleirohre ersetzt; dadurch wurde eine Druckleitung möglich, die eine direkte Wasserversorgung auch in den höheren Stockwerken der Stadthäuser ermöglichte.

Daneben waren Brunnen aber auch immer schon Orte des Zusammentreffens: Am Dorfbrunnen wurden Neuigkeiten ausgetauscht, Kontakte geschlossen und oftmals auch amtliche Bekanntmachungen verlesen. Später machten an den Brunnen die Fuhrwerke halt, um den Pferden die Möglichkeit zur Tränke zu geben. Bis heute hat sich in vielen Orten der Dorfbrunnen erhalten, und obwohl er seine ursprüngliche Funktion weitgehend verloren hat, gilt er noch immer als ein Zentrum. In allen historisch gewachsenen Stadtteilen Innsbrucks finden sich solche Dorfbrunnen.

NEBEN DEM GOLDENEN
DACHL BEFAND SICH IM
MITTELALTER DER ERSTE
ÖFFENTLICHE BRUNNEN
MIT FRISCHWASSER.

NACH HERZOG RUDOLF IV.,
DEM MARGARETHE MAUL-
TASCH TIROL VERMACHTE,
IST DER RUDOLFS-
BRUNNEN AM BOZNER
PLATZ BENANNT.

Daneben sind viele der Innsbrucker Brunnen auch kunsthistorische Kleinode: Die barocke Brunnenschale des Joachimsbrunnens, die sich jetzt im Waltherpark befindet, hatte ihren ursprünglichen Aufstellungsort in der Maria-Theresien-Straße – zu einer Zeit, als diese noch Neustadt hieß. Die Reiterfigur des Leopoldsbrunnens [→ ist die älteste gegossene Darstellung eines Pferdes nur auf den Hinterbeinen nördlich der Alpen. In Erinnerung an die Vereinigung Tirols mit Österreich im Jahre 1363 wurde der Rudolfsbrunnen ←] errichtet. Es dauerte noch bis 1877, bis der Brunnen in seiner heutigen Form nach Plänen von Friedrich Schmidt errichtet war.

Heute dienen öffentliche Brunnen im Stadtgebiet vor allem der Erbauung der Passanten und an heißen Sommertagen der gelegentlichen Abkühlung für Mensch und Tier. ||

Häuser

„Stadtpfarr Singschul, 3 Stock hoch, mit Höfl"
(Bezeichnung des Bischöflichen Wohnhauses, Domplatz 6, um 1775)

Eine Auswahl der schönsten Häuser, Palais und Gebäude in Innsbruck zu treffen, ist ein hoffnungsloses Unterfangen; jeder Betrachter hat seine eigenen Favoriten. Alleine in der Altstadt gibt es einige Kandidaten: Die Ottoburg, das Trautsonhaus ←], das Helblinghaus [↓ SEITE 50] oder das Katzunghaus. Haben Sie schon einmal dessen wunderbare Reliefs genauer betrachtet? Die überaus kunstvollen Darstellungen der Formen des mittelalterlichen Turniers stammen aus der Werkstatt Nikolaus Türings.

Das Winklerhaus [→ bei der Triumphpforte ist wohl das schönste Beispiel des Jugendstil in Innsbruck. Das so genannte Leuthaus in Wilten hingegen ist der ehemalige Sitz des Landgerichts Sonnenburg. Über sein wahres Alter kann nur spekuliert werden, möglicherweise stehen Teile in der spätrömischen Tradition.

DAS GASTHAUS GOLDENE ROSE IN DER ALTSTADT BESTAND ÜBER 600 JAHRE LANG. HEUTE IST ES EIN VERKAUFSLOKAL.

Neben den bürgerlichen Häusern finden sich in Innsbruck auch zahlreiche Ansitze und Palais, vom Ansitz Schneeburg über das Palais Trapp bis hin zum Palais Enzenberg. Einen Sonderfall bildet Schloss Mentlberg ←], das als „echtes" Schloss gelten kann.

Diese Liste könnte um zahlreiche weitere Prachtbauten erweitert werden. All diesen Gebäuden ist gemein, dass sie ihre Schönheit vor allem im Inneren verbergen. Wenn Sie die Gelegenheit haben, einen Blick in eines dieser Gebäude zu werfen, können Sie auf Zeitreise gehen. ||

Universitäten

„Universitas Leopoldina Franciscea"
(Latinisierte Form des Namens der Universität Innsbruck)

Aus dem 1562 errichteten Jesuitengymnasium ←] ging im Jahr 1669 auf Erlass von Kaiser Leopold I. eine Universität mit vier Fakultäten hervor. Nach einer vorübergehenden Rückstufung zu einem Lyzeum erfolgte 1826 die endgültige Wiedererrichtung. In Gedenken an die beiden Gründungsväter bezeichnet sich die Alma Mater als Leopold-Franzens-Universität [→. — Maria Theresia gründete 1745 die Innsbrucker Universitätsbibliothek. Diese Bibliothek mit über 3,5 Millionen Büchern ist eine der größten in Österreich. Besonders bemerkenswert sind einzelne Sonderbestände, in denen zum Beispiel im Jahr 2005 Abschriften unbekannter mittelalterlicher Kaiserurkunden aufgefunden wurden. Das Angebot an Studien und Forschungsgebieten ist einer stetigen Veränderung unterworfen, wobei die aktuellen gesellschaftlichen und internationalisierenden Tendenzen die Innsbrucker Universität sehr stark beeinflussen.

AUF DEM AREAL DER EHEMALIGEN FENNER-KASERNE BEFINDET SICH SEIT ENDE DER 1990ER-JAHRE DAS GEBÄUDE DER SOZIALWISSENSCHAFTLICHEN FAKULTÄT.

Im Herbst des Jahres 1969 wurde im Innsbrucker Westen der Lehrbetrieb auf der „Technik" [→ aufgenommen, wo unter anderem Architektur gelehrt wird.

Seit 1. Jänner 2004 besteht die Medizinische Universität Innsbruck, die die weit über Tirol hinaus bekannte Klinik und andere medizinische Einrichtungen umfasst. Einzelne Forschungszweige der Medizinischen Universität Innsbruck haben Weltruf und machen die Klinik zu einer z.B. auch von in- und ausländischen Staatsoberhäuptern frequentierten Einrichtung. — Heute sind über 20.000 Studenten in den 15 Fakultäten immatrikuliert, wobei die Frauenquote über 50% liegt. Dass eine solche Zahl an Studierenden auch maßgeblichen Einfluss auf das Stadtbild hat, liegt auf der Hand. ||

Verwaltungsgebäude

„Quod non est in actis, non est in mundo."
(„Was nicht in den Akten ist, ist nicht in der Welt." – Grundsatz des Römischen Rechts)

Bis zum Ende der Österreich-Ungarischen Monarchie 1918 war Innsbruck der zentrale Verwaltungssitz für das Gebiet des heute historischen Tirol. Vor allem im 19. Jahrhundert hat die Modernisierung und Technisierung eine Reihe neuer Einrichtungen hervorgebracht, etwa die Eisenbahn- und die Postverwaltung. Die regionalen Hauptsitze wurden in repräsentativen Neubauten im Stil der Zeit untergebracht. — Das Gebäude der Bundesbahndirektion [↓ SEITE 58] in der Claudiastraße wurde 1898 nach Plänen des Architekten Starelka aus Wien errichtet. Infolge der Zentralisierung der Österreichischen Bundesbahnen in den letzten Jahren wird dieses Gebäude nur mehr zum Teil für seinen ursprünglichen Zweck genützt.

Die Post- und Telegraphenverwaltung ←] für Tirol und Vorarlberg hat ihren Sitz in der Maximilianstraße. Das Gebäude wurde zwischen 1905 und 1908 gebaut. — Gleich daneben liegt das Landes- und Oberlandesgericht für Tirol und Vorarlberg. Der äußerst nüchterne Neubau aus den 1970er-Jahren stört heute leider den ästhetischen Gesamteindruck der Innsbrucker Innenstadt. — Der Eingang in das ehemalige Gefangenenhaus in der Schmerlingstraße war für die Innsbrucker Bevölkerung Anlass, die Insassen als „Bewohner der Schmerlinger Alm" zu bezeichnen. War ein Mitbewohner einmal für eine kürzere Zeit unauffindbar, wurde oft gemutmaßt, er habe einen Ausflug zu dieser eigenartigen Alm unternommen. ||

DIE BUNDESBAHN-
DIREKTION (LI.) UND
DAS ALTE GERICHTS-
GEBÄUDE (RE.) VERMITTELN
HEUTE DEN CHARME DER
ENDENDEN MONARCHIE.

DAS LANDHAUS UMFASST NICHT NUR DEN BAU AUF DEM GLEICHNAMIGEN PLATZ (LI.), SONDERN AUCH DIE PRACHTVOLLE BAROCKE ANLAGE DES „ALTEN LANDHAUSES“ (RE.).

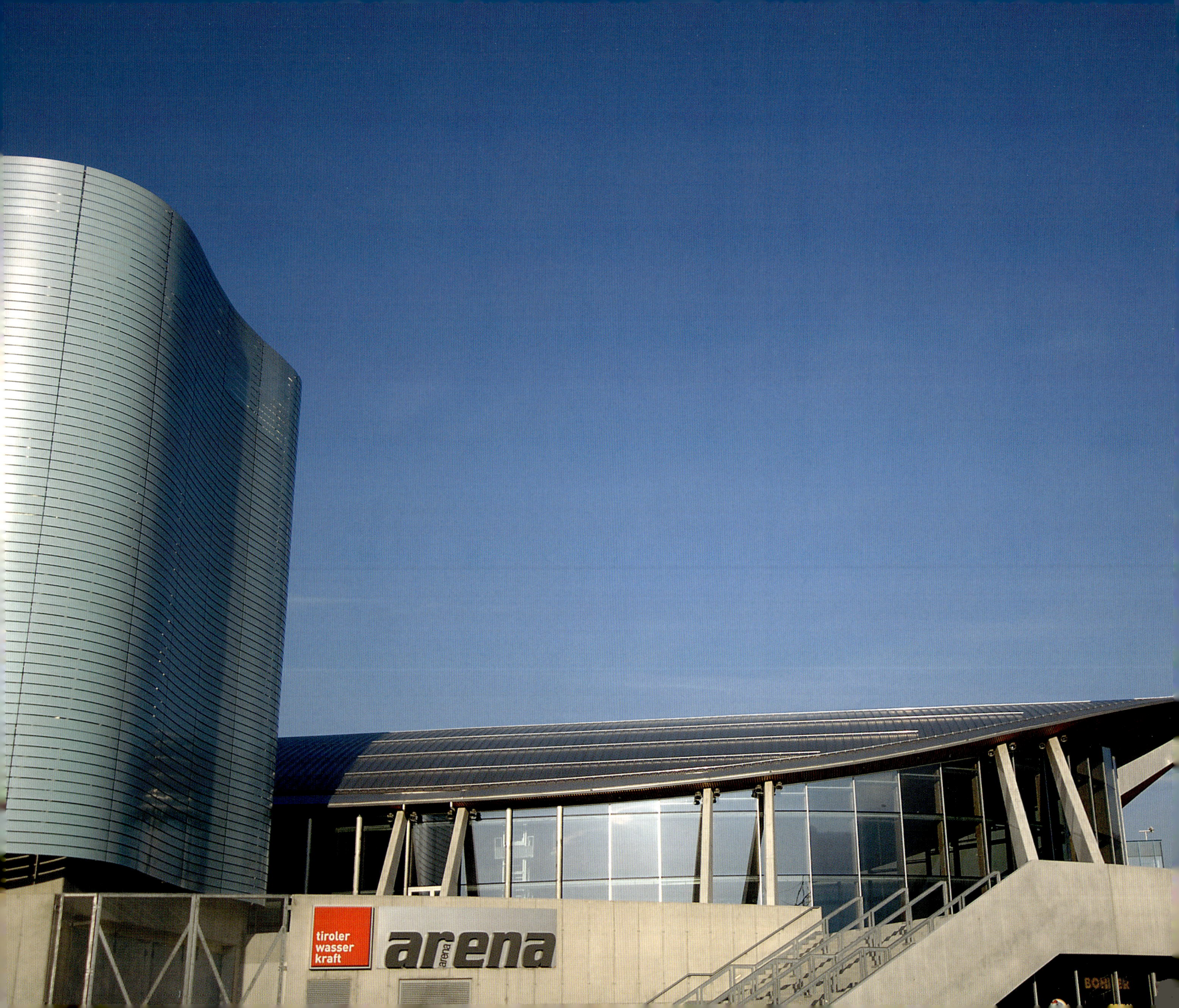
tiroler
wasser
kraft
arena

Olympiastätten

„Im Namen aller Athleten verspreche ich, dass wir an den Olympischen Spielen teilnehmen und dabei die gültigen Regeln respektieren und befolgen und uns dabei einem Sport ohne Doping und ohne Drogen verpflichten, im wahren Geist der Sportlichkeit, für den Ruhm des Sports und die Ehre unserer Mannschaft."
(Olympischer Eid)

In den Jahren 1964 und 1976 fanden in Innsbruck die IX. bzw. die XII. Olympischen Winterspiele der Moderne statt. Die Olympischen Winterspiele 1964 kennzeichnen auch den Abschluss des Wiederaufbaus der Stadt nach den schweren Zerstörungen des Zweiten Weltkrieges. Neben den Wohnstätten für Sportler und Funktionäre [→ wurden viele vorhandene Sportstätten, wie beispielsweise die Sprungschanze am Bergisel, für diese Anlässe erneuert. Die Wettkämpfe wurden aber nicht ausschließlich im Gemeindegebiet Innsbrucks, sondern auch z.B. in Seefeld und in der Axamer Lizum ausgetragen.

Auch wenn zahlreiche Bauten für die Wettkämpfe später einer weiteren Nutzung zugeführt wurden, so waren diese sportlichen Großereignisse doch wirtschaftliche Debakel, mit denen die Stadt lange zu kämpfen hatte. Dennoch verdankt die Stadt Innsbruck den überwiegenden Teil ihrer weltweiten Bekanntheit diesen Veranstaltungen. Um auch in Zukunft für internationale Sportveranstaltungen gerüstet zu sein, wurden wichtige Innsbrucker Sportstätten wie die Sprungschanze am Bergisel oder das Eisstadion ←] neu gebaut und modernisiert.

Wintersport wird in Österreich als zentraler Punkt der nationalen Identität verstanden und so waren die Wettkämpfe auch ein patriotischer Höhepunkt. Der Sieg von Franz Klammer bei der so genannten „Königsdisziplin", dem Herren-Abfahrtslauf, im Jahre 1976 gehört zu den Klassikern der österreichischen Sportgeschichte. Bei allen wintersportlichen Großereignissen, zu denen auch die FIS-Wettkämpfe im Jahr 1933 gehören, war die Schneelage übrigens überaus dürftig. ||

Moderne Architektur

„Ich möchte immer wieder einen erfinderischen Sprung machen“
(Josef Lackner, Architekt, 1931–2000)

Durch seine Lage im Gebirge besitzt Innsbruck relativ wenig bebaubare Fläche. Die zentral gelegenen und idealen Baulagen sind längst verbaut, zahlreiche Gebäude in der Innenstadt stehen unter Denkmalschutz. Im Spannungsfeld zwischen den Ambitionen moderner Architekten und den Bewahrern baulicher Traditionen wurde schon manche Kontroverse rund um neue Bauvorhaben geführt. Veränderungen an der architektonischen Eigenart Innsbrucks sind auch von der Bevölkerung immer überaus kritisch betrachtet worden – nicht immer zu Unrecht, denn heute stören im Innenstadtbereich zumindest zwei Dornen aus Beton und Stahl das Auge des Betrachters.

DURCH DAS NEUE RATHAUS NACH PLÄNEN DES FRANZÖSISCHEN ARCHITEKTEN DOMINIQUE PERRAULT WURDE DIE VERWALTUNG ENDGÜLTIG NAHE AN DEN BÜRGER GEFÜHRT.

EIN GELUNGENES BEISPIEL MODERNER INNENARCHITEKTUR ZEIGT DIE BUCHHANDLUNG WIEDERIN, DIE VOM INNSBRUCKER ARCHITEKTEN RAINER KÖBERL GESTALTET WURDE.

NEBEN DER ÖFFENTLICHEN VERWALTUNG SCHAFFEN AUCH PRIVATE UNTERNEHMEN WIE Z.B. DER NEUBAU DER BTV-ZENTRALE MARKANTE ARCHITEKTONISCHE LEISTUNGEN.

Andererseits finden sich aber im Herzen der Stadt wie auch am Stadtrand Beispiele gelungener moderner Architektur. Die Rathaus-Galerien [↑ SEITEN 62–65] in der Innenstadt haben sich zum beliebten Anziehungspunkt für die Innsbrucker entwickelt, mit der neuen Sprungschanze am Bergisel von Zaha Hadid wurde ein modernes Wahrzeichen Innsbrucks geschaffen – und auch im Bereich des privaten Wohnbaus wartet Innsbruck an den Stadträndern mit zahlreichen hochqualitativen Bauten auf. Ökologie, Ökonomie und Landschaft gehen hier eine beinahe perfekte Symbiose ein.

Die Dynamik einer lebenden Stadt erfordert ein positives Zusammenwirken aller Faktoren: moderner Architektur, Denkmalschutz und vor allem der Ansprüche der Menschen, die in den Gebäuden wohnen und arbeiten. ||

MUSEUM
SCOPOLI
ANICH

Museen

„Fremden hat der Kustos zu jeder ihnen beliebigen Stunde zu öffnen."
(aus der Satzung des Tiroler Landesmuseums Ferdinandeum 1823)

Das wohl am prachtvollsten gelegene Museum Innsbrucks ist Schloss Ambras. Die weltweit einzige Kunst- und Wunderkammer, die heute noch an ihrem ursprünglichen Ort zu bewundern ist, bietet einen tiefen Einblick in die Kunstfertigkeit und die Geisteswelt des 16. Jahrhunderts. Neben mehreren Rüstkammern kann man in der Habsburger-Porträt-Galerie eine durchaus vergnügliche Zeitreise durch die europäische Geschichte unternehmen.

Das Tiroler Landesmuseum Ferdinandeum ←][→ wurde 1823 unter dem Protektorat von Erzherzog Ferdinand als privater Verein gegründet. Sein universeller Sammel- und Dokumentationsauftrag gliedert das Museum in sieben Sammlungen, die umfassend vom Kultur- und Geistesleben des historischen Landes Tirol zeugen. Die enormen Bestände werden einerseits im klassizistischen Bau in der Museumstraße und andererseits im Museum im Zeughaus präsentiert, die naturwissenschaftlichen Sammlungen sind in der Feldstraße in Wilten untergebracht. Heute ist das Ferdinandeum ein weit über die Landesgrenzen hinaus geschätzter Fixpunkt im Tiroler Kulturleben.

ANDREAS HOFER BLICKT VON SEINEM DENKMAL AM BERGISEL.

Daneben besitzt Innsbruck eine Vielzahl von Museen und Sammlungen mit unterschiedlichsten Schwerpunkten: Von Österreichs einzigem Glockenmuseum [→ bei der Glockengießerei Grassmayr über das Museum archäologischer Abgüsse an der Universität und das Kaiserjägermuseum am Bergisel [→, das vor allem dem Tiroler Nationalhelden Andreas Hofer gewidmet ist, bis hin zu historischen und kulturgeschichtlichen Museen.

Eine weitere Besonderheit in der Innsbrucker Museumslandschaft ist das Tiroler Volkskunstmuseum, das sich mit der größten Sammlung im Alpenraum der Bewahrung und Dokumentation der Tiroler Volkskunst widmet. Seit 1929 ist es unmittelbar neben der Hofkirche im ehemaligen Franziskanerkloster untergebracht. ||

TIROLER KAISERJÄGERMUSEUM
ANDREAS HOFER GALERIE
TIROLER EHRENHALLE

STADTPLATZ AM VOLKSGARTEN.TREIBHAUS

Spielstätten

„To be or not to be, that is the question"
(William Shakespeare: Hamlet)

Kultur braucht Platz. Dementsprechend finden sich in Innsbruck kulturelle Einrichtungen für fast alle Formen von Musik, Theater und Kleinkunst. Es gibt wohl kaum eine Kunstform, die nicht in der einen oder anderen Form in Innsbruck gepflegt würde. — Eine feste Größe ist hier seit 25 Jahren das Treibhaus [←]. Aus einer Kulturinitiative in Pradl entwickelte sich eine Einrichtung, die weit über die Stadtgrenzen hinaus geschätzt wird.

Neben dem Tiroler Landestheater [→, dessen Geschichte bis ins 17. Jahrhundert zurückreicht und das in seiner heutigen Form nach einem Neubau 1846 eröffnet wurde, gibt es in Innsbruck auch mehrere privat organisierte Theater, die – wie beispielsweise das Innsbrucker Kellertheater – bereits auf eine lange Geschichte zurückblicken können. — Das Kulturgasthaus Bierstindl bietet Kulturvereinen eine organisatorische Basis und die Möglichkeit, Veranstaltungen abzuhalten. Für alternative Kultureinrichtungen haben sich in den letzten Jahren selbstorganisierte Plattformen gebildet, die das kulturelle Bild der Stadt wesentlich bereichern. — Auch die bildende Kunst ist in Vereinen wie beispielsweise der Tiroler Künstlerschaft organisiert. In den vereinseigenen Ausstellungsflächen können Künstler abseits vom kommerziellen Druck ihre Arbeiten dem interessierten Publikum präsentieren. ||

Alpenzoo

„Vater des Alpenzoos“
(Prof. Hans Psenner, 1912–1995)

Der Vorläufer des Alpenzoos war ein kaiserlicher Tiergarten, den Erzherzog Ferdinand II. 1591 bei der Weiherburg einrichten ließ. Dieser umfasste unter anderem Fischteiche, an die heute noch das Bibergehege des Alpenzoos erinnert, das sich an dieser Stelle befindet. — Der Innsbrucker Alpenzoo wurde am 22. September 1962 eröffnet. Die Gründung des Zoos ist dem unermüdlichen Bemühen des „Vaters des Alpenzoos“, Prof. Hans Psenner (1912–1995), zu verdanken, der viele Jahre für die Errichtung eines „alpinen Tiergartens“ warb. Bereits in den ersten drei Monaten nach der Eröffnung konnten über 30.000 Besucher begrüßt werden. — Heute umfasst der Bestand des Alpenzoos, der jährlich über 300.000 Besucher anzieht, viele Dutzend Tierarten von der Alpendohle bis zur Zwergohreule.

1987 wurde hier mit 15.000 Liter das weltgrößte alpine Kaltwasser-Aquarium errichtet, in dem sich bis zu 50 verschiedene Tierarten tummeln – einige davon konnten hier erstmals nachgezüchtet werden.

Im Zuge der laufenden Erweiterungen und Verbesserungen der Anlagen können heute im Innsbrucker Alpenzoo auf über vier Hektar zahlreiche Tiere des alpinen Lebensraumes in einer naturnahen und artgerechten Haltung aus nächster Nähe bewundert werden, die uns sonst nur aus dem Fernsehen bekannt ist. — Darüber hinaus erfüllt der Alpenzoo jedoch auch eine wichtige Funktion in der Aufzucht und Auswilderung heimischer Tierarten, die vom Aussterben bedroht sind. In den letzten Jahren konnten hierbei immer wieder beachtliche Erfolge erzielt werden.

Parks

„Hofgarten, auf einer Bank gesessen; Erinnerungen vieler Art."
(Arthur Schnitzler 1930 in seinem Tagebuch)

Obwohl in Innsbruck die Natur „vor der Haustüre" liegt, gibt es doch auch eine Reihe von Gärten und Parks im Stadtgebiet. — Der wichtigste unter diesen ist der Hofgarten ←] [↓ SEITEN 78/79]. Dieser Park wurde bereits im Jahr 1410 als Jagdgelände für die Landesfürsten angelegt, die in ihm regelrechte Treibjagden durchführten. Im 16. Jahrhundert wandelte er sich zu einem Prunkgarten, um sich schließlich unter Kaiserin Maria Theresia ab 1763 zu einem barocken Park zu verändern. Heute umfasst er eine Fläche von etwa 10 Hektar. Der Park von Schloss Ambras ist wohl seit dem 19. Jahrhundert für die Öffentlichkeit geöffnet und wird bis heute als überaus beliebtes Ausflugsziel von Einheimischen und Touristen genutzt. Mit einer Größe von ca. 20 Hektar, einem künstlichen Wasserfall aus dem 16. Jahrhundert, einer Grotte und vielen anderen Attraktionen ist er heute wohl der schönste Park in Innsbruck. Der Waltherpark in St. Nikolaus ist dem Minnesänger Walther von der Vogelweide gewidmet. Eine Bronzestatue des Sängers bildet seinen Mittelpunkt.

Eine besondere Parkanlage ist der Botanische Garten der Universität, der zwischen 1906 und 1911 an den sonnseitigen Hängen des Inntals in Hötting angelegt wurde. Die prächtig gedeihenden Pflanzen lassen jeden Hobbygärtner vor Neid erblassen und schon viele, die hinter das Geheimnis des Erfolges der universitären Gärtner gelangen wollten, mussten unverrichteter Dinge wieder abziehen. Es gibt wohl kein anderes Geheimnis als die Liebe zu den Pflanzen.

Die Parkanlagen in Innsbruck dienen heute einerseits als „grüne Lunge" der Stadt, sind aber auch als Sport- und Freizeitflächen bei den Bewohnern Innsbrucks ebenso wie bei Touristen beliebt. ||

Naherholung

„Am Berg sein wir alle DU“
(unbekannter Tiroler Bergführer)

In kaum einer anderen Stadt verbindet sich der urbane Raum so eng mit der unberührten Natur wie in Innsbruck. Was liegt also näher, als die Wälder und Berge als Erholungsgebiet zu nutzen? Ein enges Netz von Wegen und Steigen durchzieht das Gelände rund um Innsbruck, und in nur wenigen Minuten ist man von der Hektik der Großstadt in die unverfälschte Natur vorgedrungen.

Seit etwa 100 Jahren haben sich entlang dieser Wege auch entsprechende Raststätten entwickelt. Die Almen, aber auch neu errichtete Berggasthöfe laden den Gast zum Verweilen ein. Viele der heute als beliebte Ausflugsziele bekannten Hütten waren ursprünglich Almen für das Vieh der inzwischen eingemeindeten Dörfer am Stadtrand – etwa die Höttinger Alm, die Arzler Alm und die ehemalige Umbrüggler Alm. Heute treffen beispielsweise auf den Sitzbänken vor der Höttinger Alm an einem sonnigen Wochenende Spaziergänger, Ausflügler, Mountainbiker und Bergsteiger zusammen. Das allen gemeinsame Bedürfnis nach Erholung und einem kühlen Getränk vereint sie freundschaftlich miteinander.

Neben der Labung und Erholung erfüllen diese Orte auch eine bedeutende soziale Funktion. Hier treffen sich die Menschen fernab ihrer Alltagssorgen, und die Freude an der Natur verbindet sie alle. Je nach Eifer, Kondition und verfügbarer Zeit finden sich für die Erholungssuchenden Spazierwege, Wanderwege, Steige bis hin zum Klettersteig auf der Nordkette. Oft begegnen sich Kletterer, Wanderer, Mountainbiker, Paragleiter und Spaziergänger an einem Tisch. Und immer ruht der Blick des Betrachters auf der ihnen allen gemeinsamen Stadt und ihren tagtäglichen Ereignissen. ||

DIE ALMEN VON INNSBRUCK WIE DIE BODENSTEINALM (LI.) ODER DIE HÖTTINGER ALM (GANZ RE.) LADEN EBENSO DAZU EIN, DIE SEELE BAUMELN ZU LASSEN, WIE DER BAGGERSEE (RE.) IM OSTEN DER STADT.

Bergsteigen

„Bergsteigen ist die Eroberung des Nutzlosen."
(Reinhold Messner, Südtiroler Alpinist)

Ursprünglich wurden die Berge vor allem landwirtschaftlich genutzt: als Viehweiden und als Holzlieferanten. An manchen Orten – wie etwa oberhalb von Hötting an der Nordkette – wurde auch Bergbau betrieben. Wenn Menschen in früheren Zeiten auf die sie umgebenden Berge stiegen, dann geschah das meistens zu diesen Zwecken.

Berge aus Freude an der Natur und als Sport zu besteigen war als Massenphänomen erst eine Entwicklung des 19. Jahrhunderts. Von England ausgehend begannen sich Menschen für die Kunst des Bergsteigens zu interessieren. Aus ganz Europa strömten Bergbegeisterte in die Alpen, um neue, noch unbestiegene Gipfel zu erklimmen. Gleichzeitig setzte auch der Tourismus ein, der bis heute die wichtigste Einnahmequelle Tirols ist. — In den letzten Jahrzehnten haben sich neue Bergsportarten entwickelt: Mountainbiking, Paragleiten, Nordic Walking. Diese neuen Strömungen bewirken, dass wieder viele junge Menschen die Tiroler Berge als Sportplatz entdeckt haben.

In Innsbruck ist es durch die unmittelbare Nähe von Stadt und alpinem Hochgebirge möglich, die Vorteile beider Lebensräume beinahe gleichzeitig zu genießen. Die Seilbahnen überbrücken den Höhenunterschied zwischen Berg und Tal in wenigen Augenblicken. An einem schönen Sommerwochenende erscheint es dem oberflächlichen Betrachter, als wären mehr Menschen in den angrenzenden Bergen als in der Stadt zu finden. Vor allem im Naherholungsgebiet der Innsbrucker Nordkette und im Gebiet des Patscherkofels kann man Bergsport in allen Formen und allen Intensitätsgraden beobachten. Und wer kann es den Innsbruckern auch verdenken, dass sie „ihre" Berge genießen? ||

Wintersport

„Skifoan is des leiwandste,
was ma si nua vuastöhn kann"
(Wolfgang Ambros, österreichischer Sänger)

Ein bekanntes Vorurteil über die Tiroler besagt, dass die Kinder zuerst skifahren und dann erst gehen lernen. Wie jedes Vorurteil ist auch dieses natürlich nicht richtig, enthält aber ein Körnchen Wahrheit: Tatsächlich nämlich nehmen alle Formen des Wintersports – und hier an erster Stelle natürlich das Skifahren – eine zentrale Rolle in der Freizeitgestaltung der Einheimischen ein. — Erst in den 90er-Jahren des 19. Jahrhunderts hielt der Skilauf, aus Norwegen kommend, in den Alpen Einzug. Binnen weniger Jahre breitete er sich beinahe epidemisch auch über Tirol aus. Nach dem Ersten Weltkrieg konnten neben dem Sommertourismus auch im Winter zunehmend Gäste begrüßt werden. Die ersten Seilbahnen, die den mühsamen Aufstieg zu Fuß ersparten, wurden Ende der 1920er-Jahre errichtet, so auch die Nordketten- und die Patscherkofelbahn. Inzwischen erschließen viele hundert Lifte auch die höchsten Gletscher im Land.

Heute sind viele Formen des Wintersports – Skifahren, Snowboarden, Langlaufen, Rodeln u.v.a. – beliebte Freizeitbeschäftigung der Einheimischen und Touristen, Millionen von Nächtigungen von Besuchern aus aller Welt verhelfen dem Land zu seinem heutigen Wohlstand.

Eine spezielle Form des Skifahrens, das Firngleiten – in Innsbruck kurz „Figln" genannt – ist übrigens eine Innsbrucker Erfindung. Der Innsbrucker Emo Henrich ließ seine Erfindung 1946 zum Patent anmelden. Im Frühjahr bevölkern an schönen Tagen zahlreiche meist jungen Innsbruckerinnen und Innsbrucker mit ihren Kurzskiern die Hänge bei der Seegrube ←], um in der Frühlingssonne im weichen Firn talwärts zu gleiten. ||

Kulturgeschichte

„O Mutter Gottes voller Gnaden
Bewahr das Vieh und uns vor Schaden."
(Hausspruch an einem alten Bauernhaus)

In Innsbruck gibt es zahlreiche versteckte Orte und Schmuckstücke zu entdecken, die dem Auge des eiligen Passanten verborgen bleiben: seien es die Maiskolben ←] an den alten Bauernhäusern, seien es die zahlreichen Brunnen, seien es die fast vergessenen Denkmäler oder auch die Namensgebung vieler Örtlichkeiten und Fluren. Alle diese Details erzählen eine Geschichte aus vergangener Zeit. — Oder kennen Sie die astronomische Uhr [↓ SEITE 92] in der Maria-Theresien-Straße? Oder wissen Sie, warum der Galgenbühel in Allerheiligen so heißt? Von wie vielen Straßennamen kennen Sie eigentlich die Bedeutung? Vor allem Orte, die wir beinahe täglich passieren, halten eine Vielzahl von unentdeckten Details parat, die es wert sind, entdeckt zu werden.

Der Friedhof auf dem Tummelplatz [↓ SEITE 93] ist ebenso ein verborgener, fast magischer Ort wie die Steine in Tantegert, deren Bedeutung bis heute nicht restlos geklärt ist. Der Geographenstein, die zahlreichen Brunnenfiguren und die manchmal schon etwas verwitterten Gedenktafeln warten nur auf ihre Neuentdeckung. — Diese kleinen Erinnerungsstätten sind Zeugnisse vergangener Kultur, gelebten Volksglaubens oder einer liebgewonnene Tradition. Nicht dem eiligen Passanten, sondern dem aufmerksamen Beobachter erschließen sich diese Schätze. ||

EIN KLEINOD IN DER INNSBRUCKER INNENSTADT IST DIE ASTRONOMISCHE UHR IN DER MARIA-THERESIEN-STRASSE.

ZAHLREICHE DETAILS AN INNSBRUCKER GEBÄUDEN VERWEISEN AUF BEKANNTE SYMBOLE WIE DEN TIROLER ADLER.

Landwirtschaft

„564"
(So viele Menschen arbeiteten im Jahr 2000 in Innsbruck in der Landwirtschaft)

Innsbruck gilt mit über 100.000 Einwohnern als Großstadt. Dennoch wird hier auch eine beachtliche landwirtschaftliche Produktion erzielt. Im Frühjahr 2007 gab es in Innsbruck insgesamt etwa 150 landwirtschaftliche Betriebe mit u.a. 1247 Rindern und 1055 Schafen. — Ursprünglich waren mehrere Innsbrucker Stadtteile eigenständige Dorfgemeinden, die durch das Wachstum und den Platzbedarf der Stadt zu einem Teil Innsbrucks wurden. In Hötting, Mühlau, Arzl, Amras, Vill und Igls ist der ursprüngliche Dorfcharakter noch deutlich zu erkennen. Ein Brunnen zur Tränke am ehemaligen Dorfplatz bildet das Zentrum des Stadtteils. Rundherum befanden sich früher und befinden sich zum Teil heute noch bäuerliche Anwesen.

Für die Stadt galten seit dem Mittelalter bis ins 19. Jahrhundert der Saggen und die Reichenau als landwirtschaftliche Nutzfläche. Teile des Gutshofes in der Reichenau wurde ab 1925 auch als Landepiste für den ersten Innsbrucker Flughafen verwendet. — Auch die Almen der einzelnen Stadtteile, auf denen zum Teil bis heute in den Sommermonaten das Vieh geweidet wird, sind Teil der landwirtschaftlichen Produktion in der Landeshauptstadt. Leider geht dieser Aspekt der Landschaftspflege aus Kostengründen immer weiter zurück. — Selbstverständlich nimmt auch die Forstwirtschaft bereits seit dem ausgehenden Mittelalter eine wichtige Funktion in der Versorgung der Bevölkerung ein. Begriffe wie „Stadtwald" und „Hofwald" erinnern uns heute noch daran. — Die Grundversorgung der Bevölkerung wird schon längst über „Importe" gedeckt. Dennoch steuern die Innsbrucker Bauern auch einen Teil zur landwirtschaftlichen Nahversorgung bei. ||

DIE LAND- UND FORST-WIRTSCHAFT INNSBRUCKS KANN AUF EINE JAHRHUNDERTE LANGE TRADITION ZURÜCKBLICKEN.

Gasthäuser

„Man findet am Altar die Frommen und im Gasthaus die Zecher "
(Dante Alighieri)

Innsbruck ist durch seine geographische Lage ein idealer Rastplatz auf der Reise nach oder von Italien. Eine der bedeutendsten Verbindungen zwischen dem Mittelmeer und Zentraleuropa führt seit jeher hier über die Alpen. Heute beschert uns diese Tatsache eine enorme Belastung durch den Schwerverkehr auf der Autobahn.

Früher hingegen waren Reisen wesentlich beschaulicher, aber auch viel beschwerlicher. Vor oder nach der anstrengenden Überquerung des Alpenhauptkammes fanden die Reisenden hier in Innsbruck einen Rastplatz. Daher besteht in Innsbruck bereits seit dem Mittelalter eine ausgeprägte Gasthaus-Kultur.

„ZUR LINDE"

1754
1631
FAMILIE EGGER

Einzelne der heute bestehenden Lokale in der Alt- und Innenstadt können auf eine Jahrhunderte lange Tradition verweisen. So findet sich am Hotel Goldener Adler, das schräg gegenüber des Goldenen Dachls liegt, eine marmorne Tafel, auf der ein Teil der prominenten Gäste verzeichnet ist, die im Haus abgestiegen sind. Es finden sich hier gekrönte Häupter aus mehreren Erdteilen sowie Geistesgrößen aus Literatur, Musik und Philosophie. Goethe wohnte hier ebenso wie der junge Wolfgang Amadeus Mozart, Albert Camus oder der König der Belgier, Leopold III., und der König von Tunis. — Schräg gegenüber des Goldenen Adlers befindet sich die Ottoburg [↑ SEITE 98], ein markantes Zeugnis mittelalterlicher Architektur- und Baugeschichte.

Eine große Zahl weiterer Unterkünfte mit traditionellen Namen wie Weißes Kreuz, Weißes Rössl oder Goldene Sonne deuten die lange Gasthausgeschichte bereits an. Ein besonderes Konzentrat solcher Lokalitäten befand sich bis vor wenigen Jahren an der Kreuzung der Kiebachgasse mit der Seilergasse in der Innsbrucker Altstadt. Hier begegneten sich auf einem kleinen Platz das Weiße Rössl, der Goldene Löwe, der Rote Adler und der Goldene Hirsch – von den Innsbruckern wird dieser Platz daher liebevoll das „Vier-Viecher-Eck“ ←][→ genannt. ||

ADAMBRÄU

Verkehr

„Gestern auf 8 Uhr liefen die ersten Lokomotiven ‚Inn' und ‚Innsbruck', von Kufstein kommend, im hiesigen Bahnhofe ein."
(Innsbrucker Nachrichten, 11. November 1858)

Innsbruck ist seit dem Mittelalter durch seine geographische Lage eine wichtige Transitstadt und ein Verkehrsknotenpunkt auf dem Verbindungsweg zwischen Norden und Süden. Dieser Umstand hat über Jahrhunderte hinweg Menschen aus allen Regionen Europas nach und durch Innsbruck geführt – neben vielen friedlichen Reisenden haben so auch immer wieder kriegerische Heerscharen das Inntal gefüllt. Der Errichtung der Eisenbahnen [↓ SEITE 105] ab der Mitte des 19. Jahrhunderts verdankt Tirol bis heute seine Stellung als überaus bedeutendes touristisches Ziel. In kurzer Zeit erreichen die Züge, die den Innsbrucker Bahnhof passieren, die Grenzen Deutschlands, Italiens und der Schweiz. Neben dem Bahnhof, der 2004 umgebaut und modernisiert wurde, zieht die auffällige Architektur eines neuerrichteten Hotelgebäudes [←] die Blicke auf sich.

Der Flugverkehr hat im Herbst 1912 in Innsbruck Einzug gehalten. Nach dem menschlichen Leid, das Flugzeuge im Ersten und vor allem im Zweiten Weltkrieg über die Stadt und ihre Bewohner gebracht haben, ist der Flughafen Innsbruck heute der direkte Anschluss an die Welt. Auch wenn der Bau des neuen Flughafens [↓ SEITE 104] in Kranebitten 1948 lange Zeit sehr umstritten war, so ist er heute eine zentrale Verkehrsverbindung sowohl für die einheimische Bevölkerung als auch für Gäste.

Ein – wenn auch inzwischen umstrittenes – Symbol der neuen friedlichen Mobilität ist die Europabrücke [↑ SEITE 103] auf der Brennerautobahn. Entstanden in einer Zeit des uneingeschränkten Glaubens an immerwährendes wirtschaftliches Wachstum, hat sich inzwischen die Lust des unkontrollierten Verkehrs zu einer bedeutenden Last verschoben. Der ungehinderte Verkehr, der täglich über diese mit 190 m höchste Pfeilerbrücke Europas donnert, belastet Anrainer wie Umwelt gleichermaßen. — Im innerstädtischen Verkehr nimmt die Straßenbahn eine besondere Rolle ein, insbesondere die so genannte „6-er" [→ (benannt nach der Liniennummer 6), die das Zentrum von Innsbruck über die auf der südlichen Mittelgebirgsterrasse gelegenen Dörfer mit dem Stadtteil Igls verbindet. ||

BEINAHE DURCH DIE FELDER SCHEINEN DIE KARWENDELBAHN (LI.) UND DIE SO GENANNTE „6ER" (RE.) .

Brauchtum

„Aus is und gar is
und gwiss is dass 's wahr is
und schad is um mi
dass ich übrig bliebn bi"
(Tiroler Schnaderhüpfl)

Brauchtum sind die Sitten und Gebräuche einer bestimmten Gruppe von Menschen. So oder so ähnlich, wenn auch wesentlich komplizierter, findet sich die Definition in zahlreichen Lexika. Doch Brauchtum ist keine Definition, Brauchtum ist das Bewusstsein, die kulturellen Traditionen einer Region zu pflegen.

In Innsbruck lebt das traditionelle Brauchtum vor allem in den dörflich geprägten Stadtteilen wie Amras, Arzl, Mühlau, Igls oder Vill. Inzwischen hat sich aber auch in den innerstädtischen Gebieten ein reges Vereinsleben zum Schutze des Brauchtums gebildet, oft auch in Zusammenhang mit dem religiösen Leben.

ZAHLREICHE CHRISTLICHE VEREINIGUNGEN TRAGEN BEI RELIGIÖSEN PROZESSIONEN IHRE EIGENEN FAHNEN ALS STOLZES ZEICHEN MIT.

Das öffentliche Ausstellen von Advent-Krippen in Privathäusern ist eine langjährige Tradition. Meist werden die handgeschnitzten Figuren über Generationen gesammelt und zur Weihnachtszeit in großen künstlichen Landschaften aufgestellt. Heute beherrschen nur mehr wenige Künstler die Fertigkeit zum Schnitzen solcher Figuren. — Auch der so genannte Christkindl-Einzug ←] gehört mittlerweile zum festen Brauchtum in der Vorweihnachtszeit und ist vor allem bei der jüngeren Bevölkerung beliebt.

In den Muller- und Matschger-Umzügen finden sich deutliche Hinweise auf vorchristliche Riten. Diese Kultur wird vor allem in den so genannten MARTHA-Dörfern gepflegt. — Wie in den Brauchtumsgruppen gilt die Mitgliedschaft in Schützen-, Musik- und Tanzvereinigungen als wichtiger Bestandteil des sozialen Zusammenlebens. In den letzten Jahrzehnten haben sich in einigen Stadtteilen eigene Vereinigungen gebildet, die sich der Erhaltung der Identität des jeweiligen Stadtteils verschrieben haben. Nur dadurch kann ein Fortbestand dieser wertvollen Traditionen gewährleistet werden. ||

Altstadt – Innenstadt

„Die Gasse, wo man zum untern Bade geht.“
(Bezeichnung für die Badgasse im 16. und 17. Jahrhundert)

Die Innsbrucker Altstadt vermittelt deutlich, wie klein und bescheiden die europäischen Städte des Mittelalters waren. Zwischen Marktgraben und Herrengasse spannte sich der kurze Bogen der schützenden Mauer. — Schon bald aber entwickelte sich entlang mehrerer Achsen eine rege Vorstadt, die Straße nach dem Süden, die heutige Maria-Theresien-Straße, war die bedeutendste unter ihnen. Ursprünglich waren die einzelnen Grundparzellen sehr schmal, sodass möglichst Viele Anteil an der Hauptstraße haben konnten. Im Laufe der Jahrhunderte sind aus mehreren dieser Parzellen die uns heute bekannten Bürgerhäuser geworden.

Manche der Namen der alten Gassen lassen noch auf ihre alte Bedeutung als Sitz zahlreicher Handwerker schließen – etwa die Seiler- oder die Schlossergasse.

Der bereits lange als Belastung empfundene Graben wurde 1765 anlässlich der kaiserlichen Hochzeit zugeschüttet, um den Fuhrwerken des Wiener Hofes ausreichend Platz zu schaffen. Damals war der Prunk in Wien größer, als man sich im kleinen Innsbruck vorstellen konnte.

DIE VERWINKELTE ALTSTADT BIETET AUCH VIEL PLATZ FÜR „NEU-ENTDECKUNGEN“: ERKENNEN SIE DIESE BEIDEN INNENHÖFE?

PENZ

DER STADTTURM IST EIN MARKANTES ZEICHEN DES SELBSTBEWUSSTSEINS DER INNSBRUCKER BÜRGERSCHAFT DES AUSGEHENDEN MITTELALTERS GEGENÜBER DEM LANDESHERRN.

Am Rande der Altstadt liegt mit der Hofburg eines der zentralen Gebäude des historischen Innsbruck. Seit dem späten 15. Jahrhundert wurde die Hofburg, im Übrigen die einzige Hofburg Österreichs außerhalb von Wien, immer wieder umgebaut und den Erfordernissen der Zeiten angepasst. Der angrenzende Hofgarten ist ein Teil der grünen Lunge Innsbrucks.

Auf dem heutigen Domplatz befand sich bis zu Beginn des 16. Jahrhunderts der Stadtfriedhof, ehe er auf den heutigen Adolf-Pichler-Platz verlegt wurde. Die ursprüngliche Pfarrkirche musste nach Erdbeben abgebrochen werden und die neue Kirche, die seit 1964 ein Bischofssitz ist, konnte 1724 geweiht werden. Das Herzstück des Domes ist das Marienbild, das von Lucas Cranach d.Ä. in der ersten Hälfte des 16. Jahrhunderts gemalt wurde. Bemerkenswert ist, dass Cranach, der ein Anhänger Martin Luthers und des neuen evangelischen Glaubens war, mit dem Marienbild im Dom ein wichtige Ikone im katholischen Volksglauben geschaffen hat – seine Mariendarstellung ist auf zahlreichen Fassaden in Innsbruck und dem gesamten Alpenraum zu finden.

Im Zweiten Weltkrieg wurden zahlreiche Gebäude der Alt- und Innenstadt von Bomben der Alliierten getroffen. Die meisten Gebäude konnte allerdings später im originalen Stil wieder aufgebaut werden. — Heute wird die Innsbrucker Altstadt pro Jahr von ca. 3 Millionen Tagestouristen besucht. Das Goldene Dachl mit der dahinter aufragenden Nordkette gehört zu den bekanntesten Blickwinkeln, die Innsbruck zu bieten hat. ||

Mariahilf & St. Nikolaus

„Koatlackler“
(Bezeichnung für die Bewohner von St. Nikolaus)

Im Mittelalter wurde der Innsbrucker Talkessel von Schloss Amras aus kontrolliert. Im Jahre 1133 wurde das Schloss, das damals noch eine „echte“ Burg war, von den Welfen zerstört. Daraufhin verlagerten die Grafen von Andechs ihr Zentrum an das nördliche Innufer, an die Stelle der heutigen Stadtteile Mariahilf und St. Nikolaus.

Hier stand anfangs allerdings nur der sehr schmale Landstreifen zwischen Inn und dem Dorf Hötting zur Verfügung. In den folgenden Jahrzehnten des 12. Jahrhunderts, über die uns leider wesentliche Urkunden fehlen, entwickelte sich hier ein florierender Ort, der sich schlussendlich mittels einer Brücke über den Inn nach Süden an die Stelle der heutigen Altstadt ausbreitete.

Trotz dieser zentralen Funktion von Mariahilf und St. Nikolaus im ersten Abschnitt der Entwicklung Innsbrucks geriet die Gegend zunehmend aus dem Blickfeld. Erst in der zweiten Hälfte des 19. Jahrhunderts hat sich die eher kleingewerbliche Struktur durch die Ansiedlung einiger Hotels etwas gewandelt.

Neben der klassischen Perspektive der geschlossenen Häuserfront [↑ SEITE 116] vor dem Panorama der Nordkette und der Mariahilfkirche ←] scheint diese Gegend der Stadt auf den ersten Blick nur wenig zu bieten. Dieser oberflächliche Eindruck ist aber vollkommen falsch. Die zahlreichen verwinkelten Gässchen mit den alten Häusern halten viele Details bereit, die nur darauf warten, vom aufmerksamen Passanten entdeckt zu werden! ||

DIREKT GEGENÜBER DER SAKRISTEITÜRE ZUR KIRCHE VON MARIAHILF BEFINDET SICH DAS PFARRZENTRUM, IN DEM U.A. DIE MESNER-WOHNUNG UNTERGEBRACHT IST.

DIE LANDESBERUFS-SCHULE IN DER INN-STRASSE GEHT IN IHREN ANFÄNGEN BEREITS AUF DAS 19. JAHRHUNDERT ZURÜCK.

Hötting

„Hötting ist ein Königreich,
rundherum liegt Österreich!“
(Die Höttinger über ihr Dorf)

Unter allen eingemeindeten Stadtteilen in Innsbruck nimmt Hötting eine gewisse Sonderstellung ein: Wohl kein anderer Stadtteilbewohner hat ein solches Stadtteilbewusstsein wie der Höttinger bzw. die Höttingerin. — Neben der beinahe erblich veranlagten Mitgliedschaft in einem der Traditionsvereine – Schützen, Freiwillige Feuerwehr oder Musikkapelle, aber auch im österreichweit erfolgreichen Höttinger Ringerverein – spielen in Hötting auch die so genannten Hausnamen eine wichtige Rolle.

Das unbestrittene Wahrzeichen ist der Turm der alten Höttinger Pfarrkirche ←] mit seinem charakteristischen Helm. Sein Anblick lässt wohl bei jedem Einwohner das Gefühl von Heimat entstehen.

Die ersten Siedlungsspuren sind bereits aus der Zeit um 1200 bis 800 v. Chr. nachweisbar. Im Jahre 1938 wurde Hötting nach Innsbruck eingemeindet und ist bis heute mit 44 Quadratkilometern der mit Abstand größte Stadtteil. In der Gegenwart ist Hötting vor allem durch seine schwierige Verkehrsanbindung in seiner Entwicklung gebremst. Nur zwei Straßen führen vom Talkessel in das an den Hängen der Nordkette thronende Dorf.

Oberhalb der Häuser von Hötting liegt mit der Nordkette und den einzelnen Talstufen das beliebteste Naherholungsgebiet für die Innsbrucker Bevölkerung. Dementsprechend haben sich aus ehemaligen Almen Berggasthäuser und damit Fixpunkte für die Wochenendausflügler entwickelt. ||

EIN VERBORGENER SCHATZ IN HÖTTING IST DER SCHLICHTE BRUNNEN BEI DER KAPELLE GROSSER GOTT.

DIE HÖTTINGER ALM IST WOHL *DAS* INNSBRUCKER AUSFLUGSZIEL. VON DER TERRASSE AUS HAT MAN EINEN WUNDERBAREN BLICK AUF DIE STADT (OBEN UND RE.).

Der Westen

„Siedlungsbau am Stadtrand –
Die Peerhofsiedlung in Innsbruck“
(Aus einem Buch des ehemaligen
Stadtplaners Arnold Klotz)

Innsbruck dehnte sich lange Zeit vorwiegend nach Osten aus. Der Westen blieb für Jahrhunderte weitgehend unbeachtet. Dazu passt auch, dass der neue Friedhof Mitte des 19. Jahrhunderts an das westliche Ende der Stadt, neben das heutige Klinikareal, verlegt wurde.

Durch die Errichtung des neuen Stadtspitals, der heutigen Klinik, und der neuen Universitätsgebäude am Innrain öffnete sich die Stadt etwas nach Westen, wenngleich es vorerst noch eher zögerliche Schritte waren. Erst die wirtschaftlich und politisch triste Zwischenkriegszeit brachte eine wirkliche Erweiterung der Stadt nach Westen mit sich: Sowohl im Sieglanger als auch am Lohbach wurden in einer Form des sozialen Wohnbaus Reihenhaussiedlungen angelegt, die durch große Gärten eine teilweise Selbstversorgung der Bewohner ermöglichen sollten.

Durch die Verlegung des Flughafens aus der Reichenau in den Westen der Stadt durch die französische Besatzungsmacht nach dem Zweiten Weltkrieg hat sich das Augenmerk weiter in diese Himmelsrichtung verlagert.

In den letzten Jahrzehnten ist der Westen der Stadt zu einem dicht bebauten Wohnviertel geworden. Beinahe alle Formen des Wohnbaus sind hier zu finden: vom Einfamilienhaus über Genossenschaftswohnbauten bis hin zu großen Wohnblocks [→. Das Wahrzeichen dieses Teils der Stadt ist wohl die Pfarrkirche Allerheiligen ←] (eigentlich Pfarrkirche zu Allen Heiligen), die nach einem Entwurf von Prof. Clemens Holzmeister nach einem anonymen Wettbewerb zwischen 1961 und 1965 errichtet worden ist. ||

Wilten

„Veldidena"
(Name des römischen Kastells in Wilten)

Der Stadtteil Wilten war für die Innsbrucker Stadtgeschichte stets von zentraler Bedeutung. Nach vorrömischer Besiedlung war das römische Kastell Veldidena, das Wilten seinen Namen gab, die erste größere Siedlung im Bereich des heutigen Stadtgebietes. Zahlreiche archäologische Funde lassen heute die beträchtliche Größe der Ansiedlung erkennen.

Bereits im Jahr 1138 scheint das Kloster Wilten [↓ SEITE 129] in einer päpstlichen Urkunde erstmals auf. Das Dorf Wilten unterstand, neben zahlreichen anderen Besitzungen, rechtlich dem Kloster. Die ursprünglich sehr weite Ausdehnung dieser Besitzungen wurde durch mehrere Grundabtretungen deutlich verkleinert: Um 1180 kam das Gebiet der heutigen Innsbrucker Altstadt, 1281 das der Innsbrucker Neustadt, also das Areal um die Maria-Theresien-Straße, und 1453 der Saggen zu Innsbruck.

Der eigentliche Stadtteil Wilten erfuhr mit dem Bau der Unterinntalbahn einen rasanten Aufschwung. Die Bewohner Innsbrucks errichteten in Wilten in den letzten Jahrzehnten des 19. Jahrhunderts zahlreiche Wohnbauten. Bis 1904 verlief die Grenze zwischen Innsbruck und dem unabhängigen Wilten entlang der heutigen Maximilianstraße, die damals noch Grenzstraße hieß. Das Dorf Wilten und seine Verwaltung waren aber den Anforderungen des enormen Wachstums nicht gewachsen und so kam es auf Beschluss des Wiltener Gemeinderates zu Verhandlungen mit der Stadt Innsbruck über eine freiwillige Eingemeindung. Mit 1. Jänner 1904 wurde Wilten ein Teil der Stadt Innsbruck.

DAS REDEMPTORISTEN-
KLOSTER IN DER MAXIMILIAN-
STRASSE IST EINES DER RUHI-
GEN KLÖSTER. DIE KIRCHE
– 1898 GEWEIHT – IST
BESONDERS ANSPRECHEND.

Heute ist Wilten ein ruhiger Wohn-Stadtteil, in dem die Bürgerhäuser des 19. Jahrhunderts und die Neubauten des 20. Jahrhunderts sehr viel Wohnraum bieten. Zugleich ist Wilten aber vom strukturellen Wandel der Wirtschaft unmittelbar betroffen: Der innerstädtische Einzelhandel konnte den Einkaufszentren am Stadtrand nicht standhalten; seit Jahren ist ein starker Rückgang in der Vielfalt der Geschäfte zu beobachten, immer mehr traditionsreiche Familienbetriebe müssen zusperren.

Wilten bietet zahlreiche kulturelle Kleinode, bauliche Details und beschauliche Plätze, die es wieder zu entdecken gilt: Kennen Sie den Sonnenburger Platz mit dem Brunnen unter der großen Trauerweide? Wann sind Sie das letzte Mal am Bauernmarkt am Wiltener Platzl gewesen? Wie lange ist es her, dass Sie die malerische Sillschlucht durchstreift haben? Wilten bietet viel Entdeckungsraum! ||

DIE BASILIKA WILTEN (LI.) UND DIE WILTENER STIFTS-KIRCHE (RE.) SIND WAHR-HAFT MÄCHTIGE GOTTES-HÄUSER.

Saggen & Kohlstatt

„Ein ‚Sack' ohne Ausweg zwischen Inn und Sill"
(Wie der Saggen zu seinem Namen kam)

Wer heute durch den Saggen entlang der Villenfassaden streift, dem öffnet sich ein Bild bürgerlichen Wohlstands: prächtige Villen mit schmucken Gärten, die an breiten Straßen und Alleen aufgereiht stehen.

Doch zu Beginn war der Saggen, dessen Name sich von dem „Sack" herleitet, den Inn und Sill hier bildeten, als es noch keine Brücken gab, noch kein Villenviertel, sondern eine Grünfläche: Bereits bald nach der Gründung der Stadt Innsbruck begannen deren Bewohner, die unbesiedelten und unbebauten Flächen des heutigen Saggens als Gärten zu nutzen. Mit den dort angebauten Produkten konnte die Nahrungsmittelversorgung der Stadt sichergestellt werden. Das Stift Wilten, dem diese Gründe gehörten, wehrte sich aber gegen diese Aneignungen, sodass es noch bis 1453 dauern sollte, bis der Saggen ein Teil des Innsbrucker Stadtgebietes wurde. Dies war bis ins 20. Jahrhundert die letzte große Erweiterung des Stadtgebietes.

Die moderne Erschließung des Saggens ist ein Ergebnis des 19. Jahrhunderts. Der Innsbrucker Stadtplaner Dr. Werner entwickelte einen Bebauungsplan, der als „Werner'sche Bischofsmütze" in die Stadtgeschichte einging: Das Straßennetz, das hier angelegt wurde, bildet aus der Vogelschau etwa die Form einer Bischofsmütze. Binnen weniger Jahre wurde der Saggen systematisch mit Villen verbaut. Im Zweiten Weltkrieg wurde dieser Stadtteil als beinahe einziger nicht bombardiert, was zu einigen Spekulationen Anlass gab. So hat sich die Bebauung des Saggens weitgehend unverändert erhalten, und der Saggen dient heute als hochwertiger Wohnstadtteil für die wohlhabende Bevölkerung Innsbrucks.

DIE VILLEN IM SAGGEN VERBREITEN EIN NOSTALGISCHES FLAIR VERGANGENER ZEITEN

DIE ZAHLREICHEN VILLEN IM SAGGEN HABEN VIELE KLEINE ARCHITEKTONISCHE DETAILS PARAT, DIE SICH NUR DEM GENAUEN BETRACHTER OFFENBAREN.

DER SAGGEN IST NICHT NUR MIT GROSSZÜGIGEN VILLEN VERBAUT, AUCH DICHTERE BEBAUUNG BIETET VIELEN BEWOHNERN EIN HEIM.

Mutterberatungsstelle Pradl

Pradl

„No amol"
(Begeisterungsruf bei den Pradler Ritterspielen, mit dem eine Wiederholung der Szene gefordert wird)

Ursprünglich war Pradl eine von der Landwirtschaft geprägte Fraktion des Dorfes Amras. Erst seit der freiwilligen Eingemeindung 1904 ist Pradl ein Stadtteil von Innsbruck. Zur Erklärung des Namens „Pradl" gibt es mehrere Erklärungsversuche, am wahrscheinlichsten ist, dass der Name vom lateinischen Wort „Pratellum", was „kleine Wiese" bedeutet, abgeleitet ist.

Seit der Mitte des 19. Jahrhunderts veränderte sich der Charakter Pradls durch den Zuzug aus Innsbruck und die Siedlung wuchs rasch an. In der Zeit der „Option" in Südtirol haben sich viele Südtiroler für die Emigration entschieden. Durch die Errichtung von Wohnsiedlungen hat sich in den späten 1930er-Jahren in Pradl eine dichte Wohnbebauung entwickelt und in den letzten Jahrzehnten des 20. Jahrhunderts ist Pradl schließlich mit den angrenzenden Stadtteilen zusammengewachsen.

DIE PRADLER PFARRKIRCHE, DIE IM NEOROMANISCHEN STIL ERRICHTET WURDE, ERSETZTE EINE ZU KLEIN GEWORDENE VORGÄNGERKIRCHE.

DER BRUNNEN MIT DEM HEILIGEN FLORIAN ALS BRUNNENFIGUR WEIST AUF EINE WEITERE BEDEUTUNG VON WASSER – NÄMLICH ZUR BRANDBEKÄMPFUNG – HIN.

In der Wirtschaftsstruktur hat sich in Pradl neben den Supermärkten eine Vielzahl an liebenswerten kleinen Geschäften erhalten, die die Lebensqualität des Stadtbezirkes ausmachen. Handel- und Kleingewerbe gedeihen, gehen doch die „alten" Pradler am liebsten zum Händler ihres Vertrauens – und das meist schon seit Jahrzehnten. — Heute ist Pradl eine Art Mikrokosmos in Innsbruck. Der bevölkerungsreichste Stadtteil führt ein Eigenleben. Durch die Sill und die Eisenbahn vom Stadtzentrum abgegrenzt, hat sich „der Pradler" als eigene Lebensform entwickelt. ||

Amras

„in vico Omeras"
(Nennung von Amras in einer Urkunde aus 1180)

Die ersten Besiedlungsspuren – Urnengräberfunde im Bereich des heutigen Schlossparks – in Amras gehen auf vorrömische Zeiten zurück. Eine kontinuierliche Besiedlung ist aber spätestens seit dem Hochmittelalter nachweisbar.

1938 wurde Amras nach Innsbruck eingemeindet. Schon einige Jahrzehnte zuvor hatte sich die Fraktion Pradl abgespaltet und sich 1904 mit Innsbruck vereinigt. — Seit dem Zweiten Weltkrieg hat sich die Charakteristik des ehemaligen Dorfes gänzlich gewandelt. Durch zahlreiche Wohnbauten und das älteste Einkaufszentrum Innsbrucks wurde aus dem romantischen Dorf ein geschäftiger Wirtschaftsplatz. Durch den permanent steigenden Transitverkehr ist die Lebensqualität stark gefährdet – die Inntalautobahn führt in unmittelbarer Nähe zum Dorfkern vorbei.

Warum sich das Schloss Ambras, das Dorf aber Amras nennt, ist nicht eindeutig entschieden. Vermutlich hat sich das „b" in der zweiten Hälfte des 19. Jahrhunderts als historisierendes Element in den Namen eingeschlichen. Obwohl das Schloss Ambras ←] majestätisch über dem Stadtteil thront, ist der markant spitze Kirchturm [→ der Pfarrkirche das heimliche Wahrzeichen von Amras. Außerdem finden sich im Dorfzentrum noch einige prachtvolle Bauernhöfe, die als Sinnbild bäuerlichen Selbstbewusstseins gelten können. ||

DIE LIEBEVOLLEN DETAILS AN DEN HÄUSERN UND DER PFARRKIRCHE SIND BEWEIS FÜR DAS SELBSTBEWUSSTSEIN, ABER AUCH DEN WOHLSTAND DER AMRASER BEVÖLKERUNG.

Reichenau & Olympisches Dorf

„Reychnau"
(Erste Nennung in einer Urkunde aus 1461)

Die Bautätigkeit für die IX. Olympischen Winterspiele 1964 in Innsbruck bildeten den Schlusspunkt des Wiederaufbaus nach den massiven Zerstörungen, die der Zweite Weltkrieg in Innsbruck angerichtet hatte. Zur Unterbringung der Athleten und Funktionäre bestand ein enormer Bedarf an Wohnraum. Entlang des Ufers des regulierten Inns östlich des Zentrums von Innsbruck fanden sich die entsprechenden Flächen. — Schon zuvor wurde versucht, die Wohnungsnot durch systematischen Wohnbau zu lindern. In einer Mischung aus politischem und persönlichem Einsatz konnten binnen weniger Jahre zahlreiche große Wohnbauprojekte ←] in der Reichenau verwirklicht werden.

Die Pfarren St. Pirmin und St. Paulus spielten hier als Identifikationsort eine wichtige Rolle: Hier trafen sich die Menschen und schöpften den Glauben an eine positive Zukunft. Bis heute ist in diesen Pfarrsprengeln das Gemeindeleben besonders intensiv. — In den letzten Jahren haben sich diese Stadtteile aber auch als Fokus der gesellschaftlichen Entwicklungen dargestellt. Dass das Zusammenleben vieler Menschen mit unterschiedlichem sozialem und kulturellem Hintergrund auch auf engem Raum funktionieren kann und sich dabei ein reges Vereinsleben gebildet hat, spricht eindeutig für alle Menschen, die hier leben.

Die Rossau, eine ehemals von sumpfigen Wiesen durchzogene Gegend am Stadtrand von Innsbruck, hat sich binnen ganz weniger Jahre zu *dem* Handels- und Gewerbezentrum Innsbrucks entwickelt. Heute befindet sich hier das handelswirtschaftliche Herz der Stadt. ||

Hungerburg

„Er kennt die schaurigen Abgründe der menschlichen Seele, ... aber er betrachtet dieses Gerangel, Geschubse und Geschiebe aus souveräner Distanz mit einer Mischung aus belustigtem Verständnis und boshaftem Humor.“
(Marion Gräfin Dönhoff über Paul Flora)

Als einzige Region der Stadt kann die Hungerburg nicht auf eine Jahrhunderte lange Siedlungsgeschichte zurückblicken. Nach den ersten Erschließungsversuchen dauerte es bis 1906, dass die Hungerburg „Teil von Innsbruck“ wurde – in diesem Jahr nahm die Standseilbahn auf die Hungerburg den Betrieb auf. Sebastian Kandler und Josef Riehl hatten das Projekt auf eigene Kosten in Angriff genommen, weil die Stadt Innsbruck kein Interesse gezeigt hatte. Nach nur siebenmonatiger Bauzeit fuhr die Bahn, die bis 2005 in Betrieb war, am 12. September 1906 zum ersten Mal auf die Hungerburg. Der Straßenanschluss durch die Höhenstraße erfolgte erst ab 1929.

Für die Errichtung der Wallfahrtskirche auf der Hungerburg ←] 1930 schleppten Freiwillige 60.000 Ziegel zu Fuß auf das Hungerburg-Plateau. Ebenfalls aus dem 20. Jahrhundert stammen die nach ihrer Entstehung anfangs sehr umstrittenen Fresken von Max Weiler [→, die den Innraum der Kirche auf der Hungerburg schmücken.

2007 WURDE NACH DEN PLÄNEN VON ZAHA HADID, DER ARCHITEKTIN DER SPRUNGSCHANZE AM BERG-ISEL, EINE NEUE BAHN AUF DIE HUNGERBURG GEBAUT, DEREN BRÜCKE IN ELEGANTEM SCHWUNG ÜBER DEN INN FÜHRT.

DER BRUNNEN AN DER WAND DER SEILBAHN-STATION ZEIGT DEN HISTORISCHEN GRENZVERLAUF ZWISCHEN HÖTTING UND MÜHLAU.

Durch den Bau der Nordkettenbahn 1928 wurden die Hungerburg und die Nordkette endgültig zum Sport- und Erlebnisgebiet der Innsbrucker Bevölkerung. Die Terrasse der Seegrube ist an jedem sonnigen Wintertag mit zahlreichen Sonnenhungrigen beiderlei Geschlechts gefüllt. Neben dem sportlichen Aspekt spielt hier seit jeher auch der gesellschaftliche eine große Rolle. An diesen Hängen wurde vom Innsbrucker Emo Henrich das Firngleiten, kurz Figln, erfunden und weiterentwickelt.

Über die Entstehung des Begriffes Hungerburg gibt es mehrere Theorien. Am gängigsten ist jene, dass die Portionen in der dortigen Gastwirtschaft so bemessen waren, dass sich der Name Hungerburg beinahe automatisch ergab. In diesem Zusammenhang wird der Dichter Adolf Pichler immer wieder als Erfinder des Begriffes genannt.

Unter den Bewohnern der Hungerburg sticht Prof. Paul Flora als scharfsinniger Beobachter mit spitzer Zeichenfeder heraus. Er hält den Tirolern einen liebevoll-boshaften Spiegel vor und hat von oben einen weiteren Horizont als mancher Städter. ||

Mühlau & Arzl

„Arzl mit der Gauhauptstadt Innsbruck vereinigt"
(Überschrift der Innsbrucker Nachrichten vom 1. April 1940)

Mühlau und Arzl entwickelten sich über Jahrtausende hinweg – archäologische Grabungen haben ergeben, dass die Mittelgebirgsterrassen östlich von Innsbruck schon in der Vorzeit besiedelt waren – als eigenständige dörfliche Gemeinden, bis sie im 20. Jahrhundert nach Innsbruck eingemeindet wurden. Dennoch werden sie, als Teil der „MARTHA-Dörfer", immer noch in einem Atemzug mit den bis heute selbständigen Gemeinden Rum, Thaur und Absam genannt.

Der dörfliche Charakter beider Stadtteile und das durch zahlreiche Vereine geprägte dörfliche Leben ist noch erhalten, doch zunehmend wird das Ortsbild durch moderne Wohnanlagen geprägt, die hier am Stadtrand von Innsbruck entstehen.

Das Ortsbild von Mühlau beherrscht die Pfarrkirche [→, die auf einem kleinen Hügel majestätisch über dem Dorfplatz thront. Das Wahrzeichen Arzls ist der Kalvarienberg ←] mit der Kirche, die bereits 1665 eingeweiht wurde. Die sieben Kreuzwegstationen laden den andächtigen Besucher zum Verweilen und zum Gebet ein.

DER DORFBRUNNEN SPIEGELT IM WAHRSTEN SINNE DES WORTES DAS LEBEN IM DORF WIDER.

IN DEN ADELIGEN ANSITZEN MÜHLAUS WIRD EINE LÄNGST VERLOREN GEGLAUBTE KULTUR BEWAHRT UND GEPFLEGT.

Mühlau war bereits vor Jahrhunderten als Standort zahlreicher Mühlen und Hammerwerke ein bedeutender „Industriestandort" bei Innsbruck. Schon 1889 wurde in Mühlau die erste elektrische Kraftübertragung Tirols errichtet. Dieses private Kraftwerk versorgte die Rauchmühle mit Elektrizität. Daneben war für die Entwicklung Innsbrucks vor allem die aus den Quellen des Mühlauer Baches gespeiste Trinkwasserversorgung von großer Bedeutung. Heute sichert das Mühlauer Wasserkraftwerk einen zentralen Teil der Innsbrucker Trinkwasserversorgung. Bis 1581 konnte Mühlau nur über den Hohen Weg von Westen her erreicht werden. Dann wurde die erste Brücke über den Inn errichtet, die 1838 durch die so genannte Kettenbrücke ersetzt wurde. Diese Form der Brücke war erforderlich, weil am Mühlauer Nordufer des Inns wenig Platz vorhanden war und das Ufer außerdem einen Höhenunterschied zum gegenüberliegenden aufwies. Obwohl diese einspurige Brücke 1937 durch die heutige Brücke ersetzt wurde, hat sich bis heute der Begriff „Kettenbrücke" fest erhalten. ||

Igls & Vill

„1:45,73 Min."
(Siegerzeit von Franz Klammer
beim olympischen Abfahrtsrennen vom Patscherkofel 1976)

Unter allen eingemeindeten Stadtteilen Innsbrucks sind die ehemaligen Dörfer Vill und Igls jene, die ihren eigenständigen Charakter am stärksten erhalten haben. Besonders die Ensembles rund um die Pfarrkirchen von Igls ←] und Vill [→ strahlen bis heute ein dörfliches Flair aus. Doch hier wird, wie z.B. auch in Arzl oder Mühlau, die Gemeinschaft der eingesessenen Bewohner zunehmend durch Neuansiedler überlagert. Zusätzlich bildet der Tourismus, der in Igls auf eine lange Tradition zurückblicken kann, eine Nabelschnur zur „weiten Welt": Im Jahr 1904 wurde Igls zum Luftkurort erhoben und durch die Eröffnung der Patscherkofelbahn 1928 wurde Igls endgültig zum mondänen Skiort. Dass auch St. Moritz wie Igls eine Bob- und Rodelbahn hat, ist eine willkommene Parallele. Die Gegenwart – und ihre Grundstückpreise – zeigt deutlich, dass es sich hier besonders gut – und teuer – wohnen lässt.

ZAHLREICHE KLEINE KAPELLEN UND BILDSTÖCKE LEGEN ZEUGNIS ÜBER DEN TIEF VERWURZELTEN GLAUBEN DER BEWOHNER AB.

DIE „6ER“ BRINGT AN SONNIGEN TAGEN DIE „STÄDTER“ NACH IGLS.

In Vill dagegen scheint die Zeit beinahe stehengeblieben zu sein. Bis vor wenigen Jahren war das Ortsbild von den „Alteingesessenen“ dominiert, schmucke Häuser und Höfe, die seit Generationen im Familienbesitz stehen, blicken auf die meist Durchfahrenden. Dass auch schon die ersten Tiroler Siedler diese Gegend zu schätzen wussten, bezeugen die Ausgrabungen auf dem Goambichl, dessen Besiedlung bereits auf die La-Tène-Zeit zurückgeht. Auch die Ausgrabungen auf dem Igler Goldbichl verweisen auf eine längst vergangene Zeit.

Heute gibt es einen eigenen Stadtteilausschuss für Igls in der Innsbrucker Stadtregierung, der die Interessen des Stadtteils wahrt und darauf achtet, dass seine Eigenständigkeit nicht angetastet wird – daher wird man auch, wenn man mit dem Auto von Innsbruck nach Vill oder Igls fährt, am Straßenrand von einem Schild mit der Aufschrift „Igls“ und nicht etwa „Innsbruck-Igls“ begrüßt.

6
Igls
IVB
IKB